폴 크루그먼의
지리경제학

폴 크루그먼의
지리경제학

폴 크루그먼 지음 │ **이 윤** 역해

창해

'아이스켄스 교수 강좌'(Professor Dr. Gaston Eyskens Lectures)
는 1975년 10월 4일 아이스켄스 박사가 명예교수로 승진한 즈음에 설립
된 석좌기금의 후원 아래 만들어졌으며, 강좌명도 그의 이름을 따서 지었
다. 이 강좌는 걸출한 학자들에게 격년제로 일련의 강연 기회를 제공함으
로써 이론 및 응용경제학의 교육을 촉진하기 위한 것이다. 이 강좌는 아이
스켄스 교수가 오랫동안 유익한 강의를 해온 데 대한 감사의 표시로 여러
벨기에 기관과 협회들이 설립한 기부기금을 통하여 가능해졌다.

1905년 4월 1일 태어난 아이스켄스는 1931년 이래 루뱅가톨릭 대학
(Catholic University of Leuven)에서 강의하였다. 몇 세대의 수많은
학생들에게 아이스켄스 교수는 일반경제, 공공경제 및 거시이론을 가르
치는, 영감을 주는 교사였다. 그는 루뱅대에서 네덜란드어로 경제교육을
처음 시도했으며, 경제학과의 경제연구센터도 설립하였다. 1954년부터
1968년까지 루뱅대학운영위원회의 위원으로서 그는 대학의 사회봉사 활
동에 새로운 차원을 열기도 하였다. 국회의원, 장관 및 정부의 수장으로서
그는 수년간 벨기에의 정계에서 두드러진 위치를 차지했다. 그는 프레미
쉬(Flemish) 사회의 문화적, 경제적 해방에 지대한 영향을 미쳤다.

로예스 교수(Professor Dr. Loeys)
아이스켄스 강좌 집행위원회 의장

저자 서문

1990년 10월 나는 루뱅가톨릭 대학에서 아이스켄스 강좌를 여는 영예와 기쁨을 누리게 되었다. 이 책은 그 강좌에서 행한 세 가지 강연과 이를 뒷받침하는 부록으로 이루어져 있다.

이러한 종류의 책을 묶어내는 일은 저자에게는 드문 영예인데, 예외적으로 자기 방종의 기회가 허용되기 때문이다. 경제학 저널에서 현재 요구하는 엄정성이 꽉 채워진 생각을 발표할 필요도 없으며, 논문을 정당화하는 전문적인 노력을 드러내 보일 필요도 없다. 대신 맘껏 느슨할 수도 있고 생각에 잠길 수도 있으며 때로는 덜 심각해도 된다. 나는 여기서 발표된 아이디어들에 대하여 진지하지만, 강의를 할 때는 즐겁기도 했다. 독자들이 내 발표에 기분이 상하지 않기를 바란다.

폴 그로베(Paul De Grauwe) 교수가 처음 내게 아이스켄스 강좌를 요청하는 연락을 하였을 때, 우리는 국제 요소 이동성에 대한 일반적 이슈에 강좌의 초점을 맞춘다는 데 합의하였다. 자본의 이동성 증가는 1980년대의 두드러진 특징이며, 모든 생산요소의 이동성 증가는 진전된 유럽통합의 예상되는 귀결일 것이라는 점이 명백하였다. 나는 요소 이동성의 증가에 대한 몇 가지 흥미로운 일들을, 수확체증과 불완전경쟁의 역할을 강조하는 국제무역에 대한 나의 관점에서 언급할 수 있을 것으로 생각하였다.

그러나 이 주제를 천착하면서 나의 분석이 내가 아는 국제경제학으로부터 더 밖으로 표류하게 됨을 알게 되었다. 국제경제학에서는 자원은 완전하게 이동 불가능하지만 재화는 비용 없이 교역될 수 있는 세상을 기본사례로 삼는다. 그러면 모형을 수정하여 한편에서는 수송비용이나 비교역재를, 다른 한편에서는 이동 가능한 생산요소를 도입할 수도 있으나, 모형을 만드는 방식은 명백히 기본사례에 의하여 결정된다. 경제이론을 공부해본 사람은 누구나 모형의 유형이 그 내용을 거의 결정한다는 것을 안다 ─ 다루기 껄끄러운 이슈들은 일반적으로 말하면 다루어지지 않는다.

내가 끌린 것은, 생산요소들이 완전히 이동 가능하지만 재화 수송에는 비용이 발생하는 유형의 모형이었다. 달리 말하면 나는 국제무역이론이기보다는 고전적인 입지 이론(location theory)에 가까운 무언가를 하고 있었다.

나는 이 책의 제목을 '입지와 무역'(Location and Trade)이라고 붙이려고 했으나, 그렇게 하면 내가 말하고자 하는 바를 지나치게 좁히게 될지도 모른다고 여겨졌다. 입지이론의 지적 전통이 넓고도 깊다고 해도 가르치는 것은 대체로 삼각형과 육각형을 포함하는, 기하학적으로 묘하게 생긴 것들의 매우 좁은 묶음이다. 내가 추구하고자 한 것은, 기하가 아니라 기업들이 상호의존적인 공간에서 결정을 내려야 할 때 드러나는 매우 매력적인 이슈들이었다.

'입지'는 이러한 영역을 표현하기에는 지나치게 제한적인 용어로 보였다. 그러나 입지 이론은 보다 광범위한 영역인 경제지리학(economic geography)의 한 부분이다. 따라서 나는 내가 의도하고자 하는 바를 설명하기 위하여 '지리'(geography)라는 용어를 선택하였다. 나는 주류 지리학자들이 이 책의 내용을 그다지 탐탁해하지 않고, 경제학자들에게는 매력적으로 보이는 유형화된 모형이 자기 분야의 일부라는 것을 부정하지 않을까 의심한다. 그럼에도 불구하고 이 용어를 좋아하며 그대로 사용하고자 한다.

나는 이 강연에서 경제지리학이라는 과목이 그 자체로서 중요하다고 주장한다. 왜냐하면 경제지리학은 국제경제학을 잘 설명하며, 경제학 일반을 이해하는 데 소중한 실험실이기 때문이다. 경제지리학은 또한 재미있다. 나는 이 강연을 하면서 매우 좋은 시간을 보냈으며, 이 책의 독자들 역시 즐거운 시간을 보내기를 바란다.

　우리나라 사람들은 누구나 축구와 부동산에는 자칭 전문가라는 우스 갯소리가 있다. 하지만 핸드폰 살 때는 가격이나 사양을 하나하나 따지면서도 그보다 수백 배에서 많게는 수천 배 이상 비싼 주택을 구입할 때 그에 비례하여 꼼꼼히 챙기는지는 의심스럽다. 여러 가지 요인이 있겠지만 부동산의 가격을 결정하는 요인에 대하여 실제로 아는 게 별로 없는 탓이 아닐까 한다.

　부동산 가격은, 부동산이라는 공간을 매개로 이루어지는 경제활동이 어떤 원리에 의하여 그 입지가 선택되는가에 의하여 결정된다. 그런 의미에서 경제활동의 입지에 대한 우리나라 사람들의 체계적인 지식의 수준은 그리 높다고 할 수 없다. 그와 관련된 지식을 얻을 수 있는 이론이나 저서가 국내에 많지 않다는 것도 중요한 이유의 하나일 것이다.

　이 책은 경제활동의 입지가 결정되는 원리를 설명하는 입문서로서 이런 현실의 요구에 부응하고자 한다. 시사적으로는 한국에서 생산의 입지와 관련하여 만병통치약처럼 처방되면서도 정확한 의미와 요인은 제대로 알려지지 않은 클러스터에 대해서도 최적의 지침서가 될 것이다. 경제활동이 활성화되고 유지되는 조건을 제시하고 있어 산업입지 정책의 수립에도 기여하는 바가 클 것이다.

　이 책의 저자인 폴 크루그먼은 신무역 이론을 개척한 뛰어난 경제학자로서 상아탑의 경계를 넘어서 사회적 여건의 개선에 직접 영향을 미치려고 노력하는 실천적 경제학자이기도 하다. 1997년에 발생한 아시아 외환위기를 사전에 예측하면서 그의 명성은 국내의 일반인에게도 널리 알려지게 되었으며, 많은 경제학자들의 예상대로 2008년에는 노벨경제학상을 수상하였다. 현재는 뉴욕에서 대학교수이자 「뉴욕타임스」의 고정 칼럼니스트로서 활동하며, 현실 경제 문제에 대한 예리한 진단과 함께 정부 정책에 관하여 날 선 비판을 멈추지 않고 있다.

그의 책은 국내에서도 여러 권 번역되어 소개된 바 있다. 하지만 그의 이론의 정수를 이해하는 데 이 책만한 것이 없다. 크루그먼은 최근 국내 대표적 언론과의 인터뷰에서 한국 독자들이 읽기를 바라는 자신의 저서로 이 책을 꼽은 바 있다.

이 책이 나온 지 20여 년이 지났음에도 불구하고 아직 국내에 번역되어 소개되지 않은 이유는, 다소 전문적 지식을 요구한다는 점 외에도 크루그먼이 기여한 새로운 학문분야로서의 지리경제학이 아직 국내에 생소하고 관련 전문가 집단이 형성되지 않았기 때문인 것으로 보인다.

그간 내가 몸담고 있는 인천대학교에서 국내 처음으로 지리경제학 강좌를 개설하여 강의를 시작한 지 몇 년이 흘렀다. 유럽과 미국에서는 지리경제학이 이미 선도적 학문분야로 자리 잡으면서 세계적인 출판사에서 교과서가 출간되고 있지만, 아직 우리말로 쓰인 전문서적은 나오지 않았다. 이 책을 교재로 하여 강의하면서 수강하는 학생들의 요구에 부응하고 국내의 관심 있는 독자들을 위하여 번역서를 출간하겠다는 생각을 해왔으나, 이런 저런 핑계로 미루다가 이제야 실천하게 되었다.

이 책은 입문서이면서도 약간의 경제학 지식을 요구하고 있다. 따라서 경제학을 전공하지 않은 일반 독자들이 겪게 될 불편을 해소하고자 50여 쪽에 달하는 다소 긴 해설을 마련하였다. 본문에 들어가기 전에 먼저 읽어 볼 것을 권한다. 본문에서도 경제학 용어에 익숙한 사람들에게는 다소 지루하다 싶을 정도로 많은 역해자 주를 달아서 독자들의 이해를 높이고자 하였다.

그럼에도 불구하고 이 책이 당초 경제학 지식을 갖춘 청중들을 대상으로 마련된 강좌를 묶어서 출간한 것이어서 한두 군데 높은 수준의 경제학 지식을 요구하는 대목도 있다. 예를 들면 2장의 '1.2 노동시장 풀링에 대한 추가적 사고'에서 〈그림 2-3〉에 대한 내용(130쪽)은 이해하는 데 세심한 주의가 필요하다. 이러한 부분은 크루그먼이 예리한 분석력을 과시하며 부연 설명하는 것이기에 그냥 넘어가도 앞뒤의 맥락을 감안하여 내용을 이해하는 데에는 그다지 문제가 되지 않는다. 또한 부록은 매우 전문적 내용이어서 이 분야를 전공하는 독자들에게만 필요한 것임을 염두에 두기 바란다.

이 책은 오래 전에 읽고 초고를 번역한 상태에서 수십 회 이상 독해하며 수정을 거듭하였다. 읽을 때마다 저자의 예지와 통찰로부터 새로운 깨달음을 얻으며 번역의 미진함을 느끼지 않을 수 없었다. 적지 않은 시간을 들여 꼼꼼히 챙기며 번역에 공을 들였지만, 바로잡지 못한 오역과 오타가 있을 수 있는데 이는 전적으로 역해자의 무지와 불성실의 탓일 것이다.

이 책을 내는 데 여러 분의 도움이 컸다. 먼저 이 역해서의 출간을 적극 권유하고 편집 방향부터 세부 내용에 이르기까지 조언을 아끼지 않은 구자형 박사에게 감사드린다. 그는 미국 연방준비은행의 이코노미스트를 역임하였고 현재 미국에서 활동 중이다. 어려운 출판 여건에도 불구하고 책의 발간을 흔쾌히 승낙하여 주신 도서출판 창해의 전형배 사장과 중간에서 책의 출간을 위하여 노고를 아끼지 않으신 누리미디어의 최순일 대표에게도 고마운 마음 가눌 길이 없다. 멋진 디자인으로 독자들에게 친근하게 다가갈 수 있도록 해주신 파피루스의 윤성희 대표에게도 마음 깊이 감사드린다.

특별히 내 학부 시절 학문의 길을 걷도록 권유하시고 늘 학자로서의 실천적 삶을 몸소 보여주셨지만 너무도 일찍 세상을 등지신 고 박찬일 선생에게도 처음으로 지면을 빌려 깊은 감사의 말씀을 드리고 싶다.

건강한 신체를 주시고 매사 건전한 정신과 합리적인 판단력을 강조하시며 길러 주신 아버님과 어머님 그리고 책의 발간을 위하여 물심양면으로 지원해준 동생 희철에게도 깊이 감사한다. 끝으로 힘들고 어려울 때마다 늘 나의 안식처이자 힘이 되어준 처와 두 아이에게도 사랑과 감사를 전하고 내내 건강하고 행복하기를 기원한다.

차례

주최자 서문 ·· 5
저자 서문 ·· 6
역해자 서문 ·· 9
역해자 해설 ··· 14
일러두기 ·· 67

1장 중심과 주변

   1 지리 : 왜 그렇지 않은가 그리고 왜 그러해야 하나 ·············· 75
   2 미국 제조업 벨트 사례 ··· 84
   3 지리적 집중 모형 ·· 88
   4 변화 과정 ··· 102
   5 우리는 어디에 서 있나 ··· 110

2장 지역화

   1 산업 지역화의 원천 ·· 115
   2 일부 경험적 증거들 ·· 139

3장 지역과 국가

   1 국가란 무엇인가 ·· 157
   2 지역화와 무역 ·· 161
   3 다시, 중심과 주변 ·· 174
   4 지리와 유럽의 주변 ·· 186
   5 맺음말 ·· 193

부록 ·· 197
참고문헌 ·· 234
색인 ·· 238

1 폴 크루그먼은 누구인가

이 저서는 폴 크루그먼의 이론적 체계를 일목요연하게 보여주는 그의 대표적 저작[1]이다. 크루그먼이 벨기에의 루뱅가톨릭 대학에서 아이스켄스 교수 강좌의 일환으로 강연한 것을 엮어서 펴낸 것이다. 당시 그는 30대말의 나이로 창의적인 연구 활동을 가장 왕성하게 해나가며 자신의 이론적 연구의 지평을 넓혀가고 있었다.

그는 일찍이 전통적 비교우위 이론의 한계를 지적하면서 일련의 신무역 이론을 발표하였고, 이를 토대로 새로운 경제학 분야로서 지리경제학(본서에서는 '경제지리학'으로 명명되고 있으나, 크루그먼의 강연 이후 그의 이론이 계승, 발전되면서 새로운 학문인 지리경제학으로의 전환이 이루어지고 있음)에 대한 이론을 정립한 상황이었다. 이러한 연구 성과에 힘입어 1991년에는 미국경제학회가 독보적인 성취를 이루고 미국에서 활동하는 40세 미만의 경제학자에게 수여하는 존 베이츠 클라크 메달[2]을 받게 된다.

나아가 2008년에는 비교적 이른 50대 중반의 나이에 노벨경제학상을 수상한다. 규모의 경제와 소비자 선호의 다양성을 고찰함으로써 무역의 패턴과 경제활동의 지리적 분포를 설명하였다는 게 수상의 이유이다.[3] 소비자 선호의 다양성으로 인하여 전통적 무역이론과는 달리 같은 산업(제품군) 안에서의 산업내무역이 가능하며, 규모의 경제로 인하여 경제활동이 지리적으로 특정 지역에 집중하는 현상을 잘 설명하였다는 것이다. 이 책은 크루그먼에게 노벨상을 가져다준 이론적 업적을 일반 독자들에게 소개한 것이라고 볼 수 있다.

크루그먼의 삶[4]을 간략히 소개하면, 그는 1953년 미국 뉴욕 주의 주도인 알바니의 유대인 가정에서 태어났다. 이 책에서도 잠시 소개되는 그의 조부는 당시는 폴란드였지만 현재는 벨라루스에 속하는 브레스트(Brest)로부터 미국으로 건너온 이민자였다. 크루그먼은 태어난 후 고교 시절까지 대체로 뉴욕 주에서 보냈으며, 대학과 대학원 및 조교수 시절에도 뉴욕 주 인근의 뉴잉글랜드 지역에서 지냈다. 이 책에서 그가 '북동부 회랑 지역'에 대하여 생생하게 연민하는 것은, 어린 시절부터 성년이 되기까지 줄

---

1) 크루그먼은 최근 「조선일보」와의 인터뷰에서 한국 독자들이 읽기를 바라는 자신의 대표적 저서로 본서 *Geography and Trade*를 추천한 바 있다. *Weekly BIZ*, 2016.10.15., http://biz.chosun.com/site/data/html_dir/2016/10/14/2016101401617.html#csidx56d7d55c08d86db979371c3b86088c6

2) 이 메달은 미국의 경제학자인 존 베이츠 클라크(John Bates Clark)를 기리기 위해 1947년부터 격년제로 수여하는데, 복수의 수상자가 자주 나오는 노벨상과는 달리 단독 수상이기 때문에 노벨상보다 타기 어렵다는 평가도 있다. 2009년부터는 매년 수여한다. 역대 수상자의 약 40%가 노벨상을 받았던 만큼 노벨상에 버금가는 영예로운 상으로 알려져 있다. https://en.wikipedia.org/wiki/John_Bates_Clark_Medal

3) https://en.wikipedia.org/wiki/Paul_Krugman

4) 이에 대해서는 https://en.wikipedia.org/wiki/Paul_Krugman

곧 살아온 고향에 대한 애정에서 비롯된 것으로 보인다.

그는 1974년 예일 대학에서 경제학 전공으로 최우등 졸업한 후 매사추세츠 공과대학(MIT) 대학원에 입학하였다. 그는 거시경제학자인 돈부시(Rudi Dornbusch) 교수의 지도 아래 '변동환율제에 대한 소론'(Essays on flexible exchange rate)으로 1977년 박사학위를 받는다. 우리 나이로 불과 스물다섯 살에 불과한, 한국 남학생들이 학부를 졸업하는 약관의 나이였다.

그는 1979년 매사추세츠 공과대학의 교수가 되었으며 스탠포드 대학, 예일대학 및 런던경제 대학(London School of Economics)에서도 강의하였다. 2000년에는 프린스턴 대학의 경제학 및 국제문제 교수로 자리를 옮겼으며, 2015년부터 현재까지 뉴욕시립 대학 대학원의 경제학 교수로 재직 중이다. 아울러 「뉴욕타임스」의 고정 칼럼니스트로서 1주일에 두 차례 현실 문제에 대한 칼럼을 게재하고 있다.

현재 60대 중반의 크루그먼은 뉴욕의 맨해튼에 거주하며 엠파이어스테이트 빌딩 근처의 연구실에 도보와 지하철로 출근하면서 도시 생활을 즐기고 있다고 한다. 최신 유행을 추구하는 60대로 자부하며 시간이 나면 자전거 여행이나 하이킹을 하고 인디 록음악에도 관심이 많으며 맥주도 즐기면서 말이다.[5]

크루그먼이 한국에서 일반인들에게 널리 알려지게 된 것은 1997년에 발생한 아시아 외환위기 때이다. 크루그먼은 1994년 *포린 어페어스*에 발표한 논문 「아시아 기적의 신화」[6]에서 아시아 신흥공업국들의 급속한 경제발전이 기술과 제도의 발전을 통한 생산성 향상 없이 노동과 자본 등 생산요소의 투입에 의존한 것이어서 곧 한계에 직면할 수밖에 없을 것이라고 예견하였다.

논문이 발표될 당시에는 적지 않은 논란을 불러 일으켰다. 선진국에 비해 단기간에 공업화에 성공하여 '아시아의 네 마리 용'으로 불린 한국을 비롯한 싱가포르, 홍콩 및 대만 등 선발 개도국뿐 아니라 뒤이어 공업화에 뛰어든 태국, 말레이시아, 인도네시아 등 후발개도국들까지 고도성장이 지속되고 있었기 때문이다.

그의 예견은 불과 3년 만에 현실화되었다. 1997년 7월 태국의 바트화 폭락으로 시작된 외환위기는 인접국인 인도네시아와 말레이시아로 전이되었다. 미국 달러화에 연동된 개도국의 통화가치가 국제외환시장에서 달러화 강세로 인하여 고평가됨에 따라 급속한 환율 변동이 우려되었을 뿐 아니라 크루그먼이 지적한 바와 같이 아시아 신흥공업국의 경제성장 전망에 대한 회의론이 부상하였기 때문이다.

1997년 12월에는 한국도 종합금융회사와 상업은행들의 외화차입금에 대한 기간 갱신이 거부되면서 외화부족이 현실화되어 원화가치가 단기간에 절반으로 하락하며 국제통화기금(IMF)에 구제금융을 신청하는, 전례

5) http://biz.chosun.com/site/data/html_dir/2016/10/14/2016101401617.html#csidxcdce1f10a80
1b06aed828e69a279211
6) Paul Krugman (1994), 「The Myth of Asia's Miracle」, *Foreign Affairs*, vol.73, no.6, pp.62~78

없는 위기에 직면하였다. 구제금융의 조건으로 받아들여 실행한 긴축정책과 노동시장 개혁은 그 후 한국인들의 가치와 삶에 깊은 상처를 남겼다.

크루그먼의 예견은 당시 세계경제 질서의 변화를 반영하는 것이다. 1995년 세계무역기구(WTO)의 출범에 따라 국가 간에 재화뿐 아니라 생산요소의 이동 또한 더욱 자유화되는 과정에서 취약한 경제 체질의 국가들이 그에 수반된 위험에 노출될 우려가 컸기 때문이다. 이 책의 모태인 아이스켄스 강좌의 강연을 요청받을 당시 크루그먼이 먼저 생각했던 주제가 바로 '국제 요소의 이동성'이었을 정도였다.

강좌 당시 유럽연합의 출범이 임박했었는데, 크루그먼은 유럽에서 경제활동에 대한 규제자로서 개별 국가의 영향력이 크게 감소될 것으로 예상하고, 특히 생산요소의 자유로운 이동이 가져올 파급효과에 주목했다. 저자 서문에서도 드러나듯이, 국제간 요소의 이동성을 자신의 주된 관점인 불완전경쟁과 규모의 경제에서 살펴본 것이 바로 이 책이다.

크루그먼은 학자로서 그간 20여 권의 학술서, 교재 및 일반 독자를 대상으로 한 책을 출간하였고, 200여 편의 학술 논문을 발표하였다. 또한 「뉴욕타임스」와 포춘 *Fortune*을 비롯한 대중적 신문과 잡지에도 수백편의 칼럼을 기고하며, 현실 문제에 적극적으로 의견을 개진하고 있다. 그는 해설자로서 국제무역을 비롯하여 소득분배, 조세, 거시경제학, 보건, 사회 및 정치에 이르기까지 광범위한 영역에 걸친 이슈들을 다루어 왔다.

그는 스스로를 '현대적 진보주의자'로 부른다. 「뉴욕타임스」의 그의 블로그 명인 '진보주의자의 양심'(The conscience of a Liberal)[7]은 이를 잘 보여준다. 이는 2007년 발간된 그의 저서명[8]이기도 하다. 이 저서는 20세기 미국의 부와 소득 격차의 역사를 다루는데, 20세기 중반 어떻게 빈부 격차가 크게 줄었다가 지난 20년간 크게 확대되었는가를 설명한다. 2003년 출간한 *대폭로*(*The Great Unraveling*)에서 1990년대 미국 신경제기에 소득 불평등이 확대되었음을 지적한 것과 같은 맥락이다.

그는 *진보주의자의 양심*에서 1930년대부터 1970년대까지 빈부 격차의 감소와 1980년대부터 2000년까지의 빈부 격차의 확대 모두에 있어서 정부 정책이 통상적으로 생각하는 것보다 훨씬 큰 역할을 수행하였다고 주장하며, 빈부 격차를 확대하도록 만든 정책을 편 부시 행정부를 비판한다.[9] 그는 이러한 문제에 대한 해결책으로서 공적의료보험에 보다 예산을 많이 투입하고 국방비를 줄이는 것을 골자로 하는 '신뉴딜 new New Deal' 정책을 제안한다. 그는 재화와 노동시장의 불완전성을 전제하며 정부 당국의 일정한 개입을 정당화하는 신케인즈주의자로 분류될 수 있다.

2012년에는 세계적인 금융위기가 지속되고 있는 상황에서 *이 불황을 당장 종식하라! (End This Depression Now!)*를 출간한다. 그는 재정 감축과 긴축정책 수단들이 경제를 순환시키고 취약한 경제에 활력을 불어넣는 자금 흐름을 어렵게 할 것이라고 비판한다. 이렇게 되면 사람들은

---

7) https://www.nytimes.com/column/paul-krugman

8) 한국에서 *미래를 말하다*라는 제목으로 번역된 바 있다.

9) 이에 대해서는 https://en.wikipedia.org/wiki/Paul_Krugman

소비할 수 없고 충분한 소비가 없으면 시장은 지탱될 수 없으며, 대량 실업이 존재하면 충분한 소비가 가능하지 않는 악순환이 반복될 것이라고 주장한다. 공공 부문을 통해서건 민간 부문을 통해서건 경제를 자극하는 것이 필요한데, 그렇지 못할 경우 불가피하게 경제불황이 지속될 뿐 아니라 더욱 악화될 것이라고 우려한다.

대부분의 나라들이 경제위기를 겪고 있는 상황에서 정부의 적극적 역할을 주장하는 그의 입장은 한국에 대해서도 마찬가지이다. 2016년 한국에서 진행된 컨퍼런스[10]에서 크루그먼은 "전 세계 경제는 현재 경기부양 정책이 활발하게 이뤄지지 않고 재정적인 여력이 높기 때문에 지출을 늘려야 한다."고 말했다. 특히 "한국은 국내총생산(GDP) 대비 사회지출 비중이 OECD 국가 중에서 멕시코 다음으로 낮은 수준"이라면서 "사회지출을 늘림으로써 사회 정의를 실현하고 서민들의 생활수준을 높여 결과적으로 성장을 진작시킬 수 있다."고 강조했다.

---

10) 「조선일보」, '위클리비즈 10주년 기념 경제 · 경영 글로벌 콘퍼런스', 관련 내용에 관해서는 http://biz.chosun.com/site/data/html_dir/2016/10/06/2016100601189.html#csidx36ba09df3bd15b1899e3dfc48490397 참조

2 지리경제학은 무엇인가

2-1 경제지리학에서 지리경제학으로

크루그먼은 이 책에서 자신의 연구 분야를 '경제지리학'(economic geography)이라고 부른다. 그가 말하는 경제지리학은 '공간에서의 생산 입지'(location of production in space), 즉 상호 관련성 속에서 일들이 발생하는 장소에 관하여 탐구하는 경제학의 한 분야라는 의미이다.

그는 자신이 주제를 보다 더 정확하게 정의하지 않아도 자신이 모형을 설명하면 그 의미를 보다 정확히 알게 될 것이라고 말한다. 뿐만 아니다. 대부분의 지역경제학 그리고 전부는 아니지만 일부 도시경제학은 자신이 생각하는 바의 경제지리학에 관한 것이라고 부연한다. 이렇게 보면 지역경제학과 도시경제학 그리고 경제지리학의 경계는 애매해지게 된다. 적어도 크루그먼이 보기에는 지역경제학이나 도시경제학이 모두 경제지리학에 포함된다. 그는 경제지리학을 매우 포괄적으로 정의하고 있는 것이다.

경제지리학은 지역경제학과 마찬가지로 튀넨(Johann von Thunen)이나 웨버(Alfred Weber) 등의 독일 입지경제학의 전통에 뿌리를 두고 있고 유사한 연구 과제를 다룬다. 하지만 지역경제학이 신고전파 경제이론에 기초를 두고 독일의 '입지경제학' 전통에 대한 공식적 계승자라고 평가되는 반면, 경제지리학은 보다 절충적이고 경험 지향적이며 이단적 경제이론으로부터 영감을 얻을 뿐 아니라 사회학, 정치학 및 조절이론 등 경제학 이외의 분야로부터 점차 더 많이 얻고 있다는 점에서[11] 다르기에 독립된 분야로 간주된다.

크루그먼의 획기적 연구 성과들이 나온 1990년대 초반 이후 학계에서
는 그의 연구 주제와 방법론을 받아들여 현실에 적용하고 발전시킨 수많
은 논문들이 쏟아져 나왔다. 그 범위는 국제경제학, 도시경제학, 지역경제
학, 경제성장론 및 지리학에 이르기까지 폭넓은 것이었다. 학계에 규모의
경제와 불완전경쟁 그리고 공간과 수송비를 중시하는 새로운 조류가 흐
르기 시작한 것이다.

이러한 연구 성과들은 여전히 경제지리학이나 혹은 여기에 약간 차별
성을 부여하여 '신'경제지리학으로 구분되는 것이 일반적이다. 그럼에도
불구하고 크루그먼의 선구적 연구 결과를 토대로 이를 기존의 경제지리
학과는 다른 관점에서 발전시켜온 연구자들이 적지 않다. 그들은 자신들
이 하는 연구 분야를 경제지리학과는 구별되는 지리경제학[12]으로 부르고
독자적인 지리경제학 교과서[13]를 출간하며 새로운 시도들을 하고 있다.

지리경제학이 새로운 연구 분야로 성장할 것인지, 아니면 경제지리학
이나 지역경제학 혹은 다른 연구 영역에 묻히게 될지는 아직 예단하기 어

---

11) Steven Brakman, Harry Garresten, Charles van Marrewijk, 같은 책, p.34
12) 지리경제학의 그간의 연구 동향과 미래의 이슈에 대해서는 Masahisa Fujita, Paul Krugman
(2004), 「The new economic geography : Past, present and the future」, *Papers in Regional
Science*, no.83, pp.139~164 참조
13) 대표적인 교과서로 Steven Brakman, Harry Garresten, Charles van Marrewijk(2009), *The
New Introduction to Geographical Economics*, Cambridge University Press 참조

렵다. 그러나 지금은 익숙한 학문 분야도 과거에는 다른 분야에 속하다가 독립되었으며, 적지 않은 학문이 유사한 연구 대상을 다루면서도 방법론이 달라서 독립된 연구 분야로 간주된다는 사실은, 독자적 학문 영역으로서 지리경제학의 가능성에 기대를 가지게 한다.

지리경제학은 어쩌면 토마스 쿤(Thomas S. Kuhn)이 *과학혁명의 구조(The Structure of Scientific Revolutions)*[14)]에서 새로운 패러다임이 정상과학으로 발전하는 단계를 네 가지로 구분함에 있어서 세 번째에 해당하는, 기존의 정상과학과 경쟁하는 혁명의 단계에 있는지도 모른다. 크루그먼을 비롯한 지리경제학자들은 국제경제학에 공간을 도입하고 공간에서 발생하기 마련인 수송비의 중요성을 부각시켰을 뿐 아니라, 수확체증이 존재하는 가운데 불완전경쟁을 반영하는 산업내무역을 도입함으로써 기존 정상과학이 설명하지 못하는 문제를 해결하였기 때문이다. 지리경제학이 새로운 정상과학으로 성장할지 관심을 갖고 지켜볼 시점이다.

지리경제학을 어떻게 정의할 것인가도 논란의 여지가 있다. 이제 성장하고 있는 분야인 만큼 아직 외연이 분명하지 않고 그로 인하여 포함하는

---

14) 이에 대해서는 김명자 역 (2002), *과학혁명의 구조*, 까치글방 참조

15) K. Head and T. Mayer (2004), 「The empirics of agglomeration and trade」, in J. V. Henderson and J.-F. Thisse (eds), *The Handbook of Regional and Urban Economics*, vol. IV, *Cities and Geography*, Amsterdam: North Holland, pp.2613~4, Steven Brakman, Harry Garresten, Charles van Marrewijk (2009), *The New Introduction to Geographical Economics*, Cambridge University Press, p.67에서 재인용

내용 또한 다양하기 때문이다. 그럼에도 불구하고 공통적으로 드러나는 핵심 요점은 다섯 가지로 볼 수 있다.[15] 즉 첫째 기업에 고유한 규모에 대한 수확체증, 둘째 불완전경쟁, 셋째 정(正)의 수송비 혹은 무역비용, 넷째 내생적으로 결정되는 기업 입지 그리고 다섯째 자체 부문의 산출물을 중간재로 이용하는 기업이나 이동 가능한 노동자를 통한 수요의 내생적 입지 등이다. 세부적인 내용은 다음 2-2에서 크루그먼이 전개한 주요 연구들을 토대로 살펴보기로 한다.

2-2 지리경제학의 전개와 내용

크루그먼이 지리경제학 분야의 논문을 발표하기 시작한 것은 1979년이다. 그는 1979년, 1980년 및 1990년에 걸쳐 신무역이론에 대한 논문을 발표하고, 강연 다음해인 1991년에 지리경제학의 핵심모형으로 평가되는 「수확체증[16]과 경제지리학」[17]을 비롯한 세 편의 주목할 만한 논문을 주요 저널에 연속하여 게재한다. 크루그먼이 아이스켄스 강좌를 할 당시 이 논

---

16) 규모에 대한 수확체증(increasing returns to scale) 또는 규모의 경제(economies of scale)는 산출 수준의 증가가 기업에 있어서 산출 1단위당 평균비용의 감소를 의미한다. 따라서 평균비용곡선은 생산량이 증가함에 따라 우하향하게 된다. 예를 들어 어떤 재화를 일정 단위까지 생산하는 데 고정비용이 10단위 필요하고 한 단위의 재화를 생산할 때마다 한계비용이 1단위씩 든다고 가정하면, 재화 생산에 따른 평균비용은 1단위 생산할 경우 11단위, 2단위 생산할 경우 6단위, 3단위 생산할 경우 13/3단위, 4단위 생산할 경우 14/4로 계속 줄어든다. 그 결과 기업 입장에서는 많이 생산할수록 비용이 낮아지는 점이 있어서 유리하다.

문들이 저널에 이미 게재가 확정되거나 적어도 기고된 상태였다.[18] 이 강연은 이제 막 완성된 지리경제학의 기본 틀을 쉽게 풀어서 경제학자들과 대중들에게 전달하기 위한 시도이다.

따라서 지리경제학의 내용을 제대로 알기 위해서는 이 책의 내용과 함께 강연 이전 지리경제학의 이론이 정립되기까지의 논의를 살펴볼 필요가 있다. 이제 크루그먼의 지리경제학 논문[19]들을 순차적으로 살펴봄으로써 지리경제학의 핵심 내용들이 어떻게 등장하였고 어떠한 의미를 갖고 있으며 또한 발전해왔는지 파악해 보도록 하자.

먼저 크루그먼은 1979년 비교우위가 없는 경우에도 무역이 가능한 신무역이론의 초기 모형인 「수확체증, 독점적 경쟁 및 국제무역」[20]을 발표한다.

전통적 무역이론인 리카아도 모형이나 헥셔오린 모형은 기술이나 요

---

17) P. R. Krugman (1991), 「Increasing returns and economic geography」, *Journal of Political Economy*, vol.99, pp.483~99

18) 이 세 편의 논문은 게재 시점이 1991년으로 되어 있으나, 본서가 발간될 당시 이미 발간이 확정된 것으로 참고문헌에서 언급되고 있다. 두 논문 「History and industry location: the case of the US manufacturing belt」, *American Economic Review*, 1991과 「History vs. expectations」, *Quarterly Journal of Economics*, 1991은 특히 본서 1장의 내용과 관련이 깊다.

19) 이에 대해서는 주로 Steven Brakman, Harry Garresten, Charles van Marrewijk (2009), *The New Introduction to Geographical Economics*, Cambridge University Press, pp.59~68 참조

20) P. R. Krugman (1979), 「Increasing returns, monopolistic competition, and international trade」, *Journal of International Economics*, vol.9, pp.469~79

소부존도의 국가 간 상대적 차이가 무역의 요인이라고 하여 비교우위론[21]으로 불린다. 리카아도 모형에서는 각국이 타국에 비하여 상대적으로 기술(생산성)이 좋은(높은) 재화에 비교우위가 있어서 그 재화를 수출하게 되고, 헥셔오린 모형에서는 타국에 비하여 상대적으로 노동(자본)이 풍부한 나라는 노동(자본)을 생산에 상대적으로 많이 투입하는 노동(자본)집약재에 비교우위가 있어서 해당 재화를 수출하게 된다는 얘기이다.

상식적으로 생각해보면 자연스러운 논리적 귀결이다. 다른 나라에 비하여 상대적으로 기술이 좋은 재화는 같은 양을 생산할 경우 상대적으로 비용이 덜 들기에 싸게 생산할 수 있어서 비교우위가 있고, 따라서 수출에 용이하기 때문이다.

마찬가지로 다른 나라에 비하여 상대적으로 풍부한 생산요소 또한 상대적으로 저렴하므로 그 생산요소를 상대적으로 많이 투입하는 재화 역시 상대적으로 저렴해서 수출에 유리하다. 예를 들면 통상 선진국은 자본

---

21) 이와 대비되는 개념으로 절대우위론이 있다. 두 재화를 생산함에 있어서 한 나라가 다른 나라에 비하여 생산성이 모두 높은 경우. 즉 각 재화 한 단위를 생산하는 데 보다 적은 양의 생산요소가 투입되는 경우, 그 나라는 다른 나라에 비하여 절대우위에 있다고 한다. 이는 애덤 스미스(A. Smith)가 주장한 것으로, 이 경우 일국이 다른 나라에 비하여 두 재화를 모두 싸게 생산하므로 일국의 일방적 수출은 발생해도 양국 간에는 무역이 발생하지 않게 된다. 그러나 이러한 경우에도 "절대우위에 있는 나라가 다른 나라에 비하여 상대적으로 더 생산성이 높아서 더 싸게 생산하는 재화가 있게 되면 그 재화는 수출하게 되고, 그렇지 않은 재화는 수입하게 되는 방식으로 양국 간에 무역이 발생할 수 있다."는 것이 비교우위론의 입장이다. 따라서 극히 예외적인 경우를 제외하고는 국가 간에 무역은 항상 발생하기 마련이다.

집약재를 수출하는 데 반해 저개발국은 노동집약재를 수출한다고 한다. 이는 저개발국이 선진국에 비하여 상대적으로 노동이 풍부하고 따라서 노동의 대가인 임금이 상대적으로 싸므로 노동을 생산에 많이 투입하는 노동집약재를 상대적으로 싸게 생산할 수 있어서 싼 재화를 수출하게 되기 때문이다.

크루그먼은 기술과 요소 부존도가 양국 간에 차이가 없다고 가정함으로써 전통적 무역 모형인 비교우위론의 틀에서 벗어난다. 나아가 시장규모와 선호가 동일한 두 나라의 경우 기업의 국가 간 이동이 불가능하고 약간 차별화된 동일한 재화의 생산에 규모에 대한 수확체증과 수요에서의 '다양성 선호 효과'[22]가 작용하면, 무역을 통하여 후생이 증가할 수 있음을 보인다.

즉 한편에서는 양국의 각 재화 생산에 수확체증이 가능한 상황에서 시장 개방은 시장 규모의 확대를 가능케 하고, 이는 곧 생산의 확대와 수확체증을 통한 단가의 하락을 가능케 함으로써 양국 노동자/소비자의 실질임금(효용)이 증가한다. 다른 한편에서는 시장 개방 이후 거래되는 재화 수가 비록 무역 이전에 양국에서 공급되던 재화의 총수보다는 적지만 각국에서 공급되던 재화 수보다는 많아져서 무역을 통하여 소비자들의 선택

---

22) 자동차 시장이 개방되면서 한국산 자동차가 국내에서도 팔리지만 외국에도 수출되는 반면, 독일이나 미국, 일본 등 외국산 자동차 또한 자국에서 팔리면서도 한국에 수입되면서 소비자들의 자동차 선택의 폭이 커지게 되는 효과가 대표적 사례이다.

의 폭이 커지는 소위 '다양성 선호 효과'가 나타남으로써 역시 효용 증가에 기여하게[23] 되기 때문이다.

이 모형은 상이한 재화 간의 무역을 다루는 비교우위론에서와는 달리 약간 차별화된 동일한 재화의 무역을 다루는 산업내무역을 설명한다는 점에서 현실 설명력을 크게 높였다. 일반적으로 산업간무역은 선진국과 개도국 간 무역에 적용하기 쉽다. 왜냐하면 양자 간에는 기술의 격차가 크고 선진국은 자본이 상대적으로 풍부한 반면 개도국은 노동이 상대적으로 풍부하기 때문이다.

하지만 세계 무역의 대부분은 경제규모가 큰 선진국 간에 이루어지고 있고, 이들 간에는 생산요소의 상대적 부존도나 기술의 격차가 크지 않아서 세계무역을 산업간무역으로만 설명하기 어려운 면이 적지 않다.[24] 실제로 재화 무역의 태반을 차지하는 제조품의 경우, 주요 선진국의 산업내무역 비중은 매우 높으며 특히 기술집약적 제품에서 더욱 두드러진 것으로 나타나고 있다.[25]

한국의 경우에도 산업내무역의 비중은 상승하여 왔으며, 특히 첨단 기술제품의 산업내무역 비중은 더욱 높은 것으로 나타나고 있다.[26] 매년

---

23) 일반적으로 사람들은 자신이 선택할 수 있는 재화의 수가 늘어나면 소득의 증가가 없다고 하더라도 효용이 증가한 것으로 간주된다.

24) 세계 제조품 수출에서 선진국 비중은 1955년부터 2005년까지 80% 이상에서 약간 줄어들었지만 지속적으로 60% 이상을 차지하여 왔다. WTO, *World Trade Report* 2008, p.25

200만 대 이상의 자동차를 수출하고 있음에도 불구하고 길거리에서 늘어나고 있는 외국산 자동차를 볼 수 있는 것은 산업내무역의 대표적인 사례로 볼 수 있다. 그만큼 전통적 무역이론만으로 한국의 무역을 설명하기는 어렵게 되었으며, 규모의 경제가 최근 국가 간 무역 발생의 중요한 요인의 하나가 되었다는 얘기이다.

뿐만 아니라 기업 수준에서의 수확체증에 따른 불완전경쟁을 처음으로 모형에 집어넣었다는 점에서 획기적이었다. 이전까지는 완전경쟁 모형이 일반적이었고 불완전경쟁을 모형화하는 것은 이론적으로 어려움이 많았지만, 1977년에 발표된 딕싯과 스티글리츠(A. Dixit and J.E. Stiglitz)의 독점적 경쟁 모형[27]을 도입함으로써 가능하게 되었다. 수확체증은 지리경제학의 핵심적 개념으로, 이 책에서 주요한 관심의 대상이 되는 경제활동의 공간적 집중 현상을 설명하는 데 긴요하다.

1980년에는 1979년 모형과 세 가지 점에서 차별화된 가정을 하는 논

25) Grubel, H. G. and Lloyd, P. (1975) *Intra-Industry Trade : The Theory and Measurement of International Trade in Differentiated Products*, London: Macmillan. WTO, *World Trade Report* 2008, p.41에서 재인용

26) 국제표준무역분류(SITC) 5단위 기준의 제품들에 대하여 Glubel & Lloyd의 방식으로 측정한 한국의 산업내무역 비중은 1993년 19.50에서 2003년 25.1로 상승하였으며, 특히 첨단기술제품의 경우 같은 기간 32.2에서 40.3으로 상승하였다. 한국무역협회 (2004), 「우리나라의 산업내 무역(Intra-Industry Trade)과 결정요인에 관한 연구 : 동아시아 주요국과의 국제분업 패턴 분석」, pp.17~21

27) Dixit, A and J.E. Stiglitz (1977), 「Monopolistic competition and optimal product diversity」, *American Economic Review*, vol.67, pp.297~308

문 「규모의 경제학, 제품 차별화 및 무역 패턴」[28]을 발표한다. 즉 첫째, 무역에 따른 시장 규모의 확대가 개별 기업 수준에서는 수확체증에도 불구하고 생산량이 무역 이전과 같을[29] 뿐 아니라 제품의 가격 또한 불변이다. 둘째, 국가 간 무역에 수송비가 발생한다. 셋째, 양국의 시장규모가 서로 달라서 차별화된 제품에 대한 수요는 양국 간 대칭적이지 않다.

첫째 가정에 의하여 1979년 모형과는 달리 양국 간 무역되는 재화 총수는 무역 이전 양국에서 생산되던 재화 수의 합과 같다. 그럼에도 불구하고 각국은 수확체증을 활용하고 수송비를 최소화하고자 상대적으로 자국 수요가 많은 제품을 수출하는 경향이 있게 된다. 자국수요가 많으면 그에 부응하여 생산을 늘릴수록 수확체증에 따라 평균비용이 하락하여 유리한 반면, 수요가 적은 타국의 수요에 부응하여 공급하는 데 드는 수송비는 적기 때문이다.

이때 무역의 이득은 결국 소비자들이 무역 이전보다 많은 수의 차별화된 재화를 소비할 수 있게 되는 '다양성 선호 효과'에 따른 효용 증가이다. 각국이 자국에서 시장이 큰 재화에 대한 순수출자가 된다는 의미에서 소위 '자국시장 효과'라고도 한다. 이는 역으로 규모의 경제를 통한 자국시

---

28) P. R. Krugman (1980), 「Scale economics, product differentiation, and the pattern of trade」, *American Economic Review*, vol.70, pp.950~9
29) 생산량은 불변인 채 무역 이전에는 국내 수요에 대해서만 공급되는 것이 무역 후에는 국내와 외국의 수요를 공급하는 것으로 바뀌었을 뿐이다.

장 효과를 누리기 위하여 해당 지역에 더욱 많은 기업들이 집적하게 됨을 의미한다. 예를 들면 일제 강점기에 거대한 일본 시장과 인접하고 원활한 해상 수송망으로 연결된 영남권에 기업들이 집적한 것이나, 중국의 급속한 경제성장에 따라 시장이 커진 해안 지역의 상해, 북경, 청도 및 천진 등에 기업들이 집적하는 것도 같은 맥락이다.

이 모형 역시 산업내무역을 설명한다는 점에서는 1979년 모형과 같다. 그러나 무역에 수송비가 발생함을 전제한다는 점에서 공간을 무시하고 전개되는 전통적 무역이론과 다르다. 더욱이 이를 통하여 생산 활동이 특정 지역에 집중하는 현상을 설명할 수 있게 되었다는 점에서 지리경제학으로의 전환에 중요한 연결고리를 마련했다고 볼 수 있다.

1990년에는 1980년 모형을 더욱 발전시켜 비너블즈(A. J. Venables)와 함께 보다 완성된 논문인 「집중과 주변 산업의 경쟁력」[30]을 발표한다.

이 논문에서는 요소부존도는 같지만 국가 간 규모가 달라서 일국(중심)이 타국(주변)에 비하여 생산요소(노동, 자본)와 시장 규모가 크며, 양 재화 모두 교역 가능하지만 한 재화는 완전경쟁적이고 다른 한 재화(제조품)는 규모에 대한 수확체증에 따라 불완전경쟁적인 두 개의 생산 부문으로 구성된다고 가정한다. 이전과 마찬가지로 기업의 진입과 퇴출은 가능하나 국가

---

30) P. R. Krugman and A. J. Venables (1990), 「Integration and the competitiveness of peripheral industry」, in C. Bliss and J. Braga de Macedo (eds), *Unity with Diversity in the European Economy*, Cambridge: Cambridge University Press, pp.56~75

간 이동은 없으며 생산 요소 역시 부문 간 이동만 가능할 뿐이다.

그들은 수송비의 하락을 대리변수로 하여[31] 경제통합 수준의 심화가 중심과 주변에 어떠한 영향을 미치는가를 고찰한다. 수송비가 높아 무역이 없는 자급자족 상황에서는 양국 제조업의 비중은 생산요소 부존량에서 양국의 비중과 같다. 중간 정도의 수송비에서는 무역이 가능해지면서 큰 시장에서의 수확체증과 낮은 수송비를 활용하기 위해 비록 임금이 주변에 비해 비싸다 해도 중심에 제조업의 진입이 늘어나게 되는 반면, 주변에서는 제조업에서의 기업 퇴출이 늘어나서 중심의 제조업 비중이 이전보다 높아지게 된다. 하지만 수송비가 지속적으로 하락함에 따라 대규모 시장을 갖는 국가에서 생산하는 이점은 줄어드는 반면, 보다 임금이 낮은 주변에서 생산하는 이점은 증가하게 됨에 따라 주변에서의 제조업 생산이 늘어나게 되며, 궁극적으로 수송비가 제로가 되면 양국의 제조업 비중은 무역 이전과 같아지게 된다.

이 모형은 제조업 활동이 특정 지역에 집중될 수 있음을 보여줌으로써 세계 도처에서 볼 수 있는 경제활동의 중심과 주변으로의 불균등 분포 현상을 설명한다. 게다가 지리경제학 모형의 중요한 이론적, 경험적 결과와 마찬가지로 수송비와 양국의 제조업 비중 간에 U자형 패턴이 나타남

---

31) 수송비의 하락은 재화나 생산요소의 이동에 비용이 적게 들기 때문에 이동하기 쉽다는 것이며, 따라서 경제교류가 활발히 일어나 경제통합 수준이 높아지게 된다.

을 보여준다는 점에서 중요한 진전으로 평가된다.

하지만 양 지역의 시장규모가 중심과 주변으로 이미 주어진 것으로 가정하기 때문에 시장 규모의 차이가 발생하게 되는 동태적 과정을 설명하지 못한다는 점에서 크루그먼의 이론적 정점인 지리경제학 모형에 아직 도달하지 못하였다. 노동자들과 기업들의 이동과 그에 따른 수요의 이동성을 통하여 어느 곳은 중심이 되고 다른 곳은 주변이 되는 그러한 과정이 모형 내부에서 결정되지 않았다. 앞의 지리경제학의 핵심 요점 중 마지막 다섯째가 아직 갖추어지지 않았다는 얘기이다.

크루그먼은 이러한 일련의 이론적 발전 과정을 거친 후 새로운 무역이론으로서 지리경제학을 정립하게 된다. 그 결정체가 바로 폴 *크루그먼의 지리경제학*이다.

3 이 책으로 한국과 유럽연합 읽기

　이 책은 사흘간의 강연을 각각 하나의 장으로 하여 총 세 개의 장으로 구성된다. 기본적으로 1장과 2장은 자신의 이론적 틀을 설명하는 것이며, 3장은 이를 유럽연합을 비롯한 현실에 적용한 것이다.

　먼저 1장은 도입부로서 국가 간 경제활동을 지역의 관점에서 접근하는 것의 이점을 지적하는 한편, 공간을 무시하는 전통 국제경제학을 비판하면서 공간에서의 경제활동의 집중과 그에 따른 중심과 주변의 현상이 보편적이라고 주장한다. 집중이 발생하는 보다 큰 지역 규모로서 미국의 제조업 벨트의 사례를 소개하고, 집중이 발생하는 요인들을 '수요', '공급' 및 이를 연계하는 '수송비'의 관점에서 설명하는 모형을 제시한다. 나아가 그러한 집중이 변화하는 과정과 그 과정에서 역사와 우연의 역할에 대하여 설명한다.

　2장에서는 도시 또는 도시의 작은 클러스터와 같이 보다 규모가 작은 지역 수준에서 나타나는 경제활동의 집중 현상에 주목한다. 특정 지역에 특정 산업이 집중하는 지역화가 그것이다. 지역화의 원천을 '노동시장 풀링', '중간재 공급' 및 '지식 파급' 등 마셜의 삼위일체라고 불리는 규모에 대한 수확체증의 요인으로 설명한다. 나아가 지역화의 다수 경험적 증거들이 통상적인 기대와 다름을 보여준다.

　마지막으로 3장에서는 1장에서 접어두었으나 현실에서 종종 독립적 경제적 단위로 간주되는 '국가관'에 이의를 제기한다. 유럽연합(EU) 출범에 즈음하여 국가의 성격이 재조명되는 당시 상황에서 앞의 1장과 2장의 이론적 틀을 유럽의 현실에 적용해본다. 즉 국가는 경제 활동에 대한 제약의 관점에서 파악해야 본질을 제대로 이해할 수 있다고 주장하고, 무역이 기존의 비교우위론뿐 아니라 지역화에 의해서도 설명될 수 있음을 지적하며, 경제활동의 중심을 차지하기 위한 투쟁에서 정부가 일정한 역할을 할 수 있음을 캐나다의 사례를 통하여 보여준다. 마지막으로 유럽연합의 출범에 즈음하여 유럽의 주변부가 맞이한 냉정한 현실을 설명하고 장기적 전개와 발전에 대하여 전망한다.

이제 이 책이 강조하는 주요한 주제들을 중심으로 간략히 짚어보고 그 것이 갖는 의미와 현실적 함의를 한국의 사례를 통해 살펴보자. 나아가 크루그먼은 이 책에서 유럽연합을 주요한 대상으로 삼아 전망하고 있는데, 현재 시점에서 전망이 어떻게 실현되고 있는가를 살펴봄으로써 그의 이론의 예견력을 가늠해보고자 한다.

3-1 한국 읽기

3-1-1 집중과 제조업 벨트

크루그먼은 전통적 국제경제학이 공간을 무시함으로써 분석 대상인 국가를 무차원의 점으로 간주한다고 비판한다. 국제경제학이 공간을 무시하는 일은 통상적으로 규모에 대한 수확불변과 그에 따른 완전경쟁 시장을 가정하는 것과 관련이 깊으며, 이를 벗어나려면 공간 간의 차별성을 전제로 한 수확체증[32]과 그에 따른 불완전경쟁이 도입되어야 한다는 게 그의 주장이다. 경제활동의 분포(지리)에서 드러나는 가장 두드러진 특징은 특정 지역에 경제활동이 집중되는 것인데, 이는 그만큼 그 지역에 수확체증이 만연한 데 따른 것임이 명백하기 때문이다.

그럼에도 불구하고 과거에는 수확체증과 불완전경쟁을 모형에 도입하는 것이 어려웠기 때문에 집중을 특징으로 하는 경제활동의 지리적 분포를 다루는 일이 여의치 않았다. 그러나 앞에서 설명한 바와 같이 1970년대 말 산업조직론에서 불완전경쟁을 모형화하는 데 성공하였다. 따라서 이제는 공간의 중요성을 인식하고 수확체증으로 인하여 나타나는 경제활동의 분포를 설명하는 경제지리학이 경제학의 주요 분야로 다시 부활되어야 할 시기가 도래하였다고 크루그먼은 주장한다.

수확체증은 다양한 지역 규모 수준에서 경제활동에 영향을 미친다. 대규모 수준에서 나타나는 대표적 현상이 미국의 제조업 벨트이다. 제조업 벨트는 북동부와 중서부 동쪽의 매우 좁은 지역에 전체 제조업의 대부분

---

32) 수확체증 또는 규모의 경제는 반도체 산업, 휴대폰 산업 및 정유업 등과 같이 대규모 생산설비가 투입되는 장치산업에서 매우 뚜렷하게 나타날 뿐 아니라, 일정한 고정비용이 불가피한 대부분의 제조업에서 보편적으로 나타난다. 뿐만 아니라 소비자가 물건을 대규모로 구입할 때 수송비와 시간을 절약할 수 있다든지, 병원이 의료검사 장비를 구입하여 검사에 보다 많이 활용할수록 환자 1인당 검사비용이 줄어든다든지, 혼밥 하는 사람들이 많이 모여서 식사를 준비할수록 1인당 비용을 줄일 수 있다든지, 버스 사업자가 보다 많은 승객을 태울 때 승객당 발생하는 단위비용이 줄어든다든지 등등. 실생활에서도 도처에서 발견할 수 있다는 점에서 현실적 가정이라고 볼 수 있다. 물론 규모의 경제는 무제한적으로 적용되지 않아서 일정한 규모를 넘어서면 그 효과가 감소하고 결국 규모의 비경제가 발생한다. 이 사실은 규모의 경제에 기반한 모형의 일반성을 제약하는 원인으로 지적되기도 한다.

이 집중된 현상으로, 19세기 후반에 형성되어 20세기에도 그 비중이 크게 줄지 않고 유지되어 왔다.

제조업 벨트의 높은 제조업 비중은 해당 지역 천연자원의 전국 대비 비중보다 매우 높을 뿐 아니라 그것이 같은 기간에 크게 감소하여 온 것과 대비되는 것이어서, 통상적으로 지적되듯이 부존자원을 활용하고자 생산이 집중되는 현상과도 무관함을 보여준다. 다른 특별한 요인들로 인하여 제조업자들이 해당 지역에 클러스터를 형성하고자 하는 유인이 매우 강했음을 시사한다.

크루그먼은 이러한 현상을 지리적 집중 모형으로 설명한다. 이는 공급에서의 수확체증, 수요, 그리고 공급과 수요를 연계하는 수송비 등 세 가지 요인으로 구성된다. 즉 충분히 강력한 규모의 경제가 작동하는 상황에서 제조업자들은 한 입지에서 전국의 시장에 공급하고자 할 뿐 아니라 수송비를 최소화하기 위하여 수요가 많은 곳에 입지하기를 원하는데, 지역수요는 제조업자 대다수가 입지하여 공급(소득)이 많은 곳에서 또한 크기마련이므로 수요와 공급 간에는 순환성이 있다.

일단 어느 한 지역에 제조 기업들이 모이는 집중된 균형이 형성되면, 그러한 균형은 지속되는 경향을 띤다. 왜냐하면 그 지역에서 기업을 설립할 때 드는 고정비용이 다른 지역의 농업 인구에게 제조품을 공급하는 데 필요한 수송비보다 큰 상황에서는 다른 지역에 기업을 설립하여 고정비용을 부담하는 것보다는 해당 지역에서 기업을 운영하면서 다른 지역의 수요에 대해서는 수송비를 부담하고 공급하는 것이 유리하기 때문이다.

이와 같이 집중이 형성되어 유지되는 조건을 크루그먼은 역사의 핵심적 역할이라고 보았는데, 세 가지 파라미터에 의존한다. 규모의 경제를 의미하는 설치(고정)비용이 클수록, 수송비용이 작을수록 그리고 천연자원에 의존하지 않는 생산으로서 제조업 인구의 비율이 높을수록 집중은 유지되게 된다. 반면 이러한 조건이 충족되지 않으면 다른 지역에 입지하는 것이 유리하므로 집중된 균형은 무너지게 된다. 이 경우 '역사는 문제가 되지 않는다.'

미국의 제조업 벨트는 이러한 이론적 틀로 보면 전형적인 경우에 속한다. 미국 이민자들의 초기 정착지인 13개 주를 중심으로 작은 규모로 형성되었던 제조업 벨트는 19세기 후반 제조업에서 대량생산체제의 도입으로 규모의 경제가 증가하고, 철도 운송의 확대로 수송비가 하락하였으며 그리고 산업화에 따라 비농업 인구의 비중이 커지는 등 위의 세 가지 조건이 충족되었다.

따라서 이 지역에 입지하는 것이 유리하게 된 제조업체들이 더욱 많이 모여들게 되어 초기의 집중이 강화되고, 이후에도 큰 변화 없이 20세기에도 유지된 것으로 볼 수 있다.

미국의 제조업 벨트와 같은 현상은 비단 미국만이 아니라 세계 곳곳에서 나타난다. 한국에서도 수도권과 함께 양대 제조업 집적지로 기능하여 온 영남권[33]의 포항, 울산, 구미, 창원 및 거제 등을 연결하는 제조업 벨트가 그와 유사하다.[34]

영남권은 식민지 시대 일본과의 지리적 근접성과 식민지 정부에 의하여 개발된 부산항 및 경부철도를 비롯한 수송체계에 힘입어, 1920년대말 전국 제조업에서의 비중이 35%까지 상승하였다.

중심부인 일본과의 근접성으로 수송비가 상대적으로 저렴한 영남권에 기업들이 모이기 시작하여 공급이 증가하였고, 기업들이 집중함에 따라 거기에서 창출된 소득에 의하여 수요 또한 더욱 커지게 되었으며, 여기에 수요와 공급을 연결하는 수송망이 잘 갖추어지면서 수송비가 더욱 하락한 것이다. 미국 제조업 벨트와 마찬가지로 집중에 필요한 세 가지 조건이 충족된 것이다.

영남권의 이러한 높은 집중 현상은 그 이후에도 한국전쟁의 극심한 파괴와 그에 따른 재건기를 제외하면 1960년대 중반 이래 지난 40년간 매우 안정적으로 유지되어 왔다.

특히 1970년대 철강과 기계 산업 및 석유화학 산업 등 대규모 장치 산업이 영남 지역에 유치됨에 따라 규모의 경제가 실현되었고, 경부 철도와 고속도로를 중심으로 한 역내 교통수단의 발전과 수출주도형 경제발전 과정에서 미국과 일본에 대한 수출기지로서 부산항의 확충을 통하여 수송비가 절감되었으며, 급속한 산업화 과정에서 경제활동 인구의 절반 이상을

---

33) 행정구역으로는 경상남도, 경상북도, 부산, 대구 및 울산 등을 포함한다.

34) 이에 대해서는 이윤, 구자형 (2005), 「한국 제조업의 지리적 분포」 1909~2003', *경제사학*, 경제사학회, vol.38, pp.70~71 참조. 한편 수도권 또한 같은 기간에 제조업 비중이 50%로 큰 변화 없이 유지되었다.

차지하던 전통적 농업 부문으로부터 제조업 부문으로 대량의 노동자 유출이 이루어졌다. 집중이 유지되는 세 가지 조건 또한 충족된 것이다. 크루그먼의 표현대로 역사가 중요함을 보여준다.

3-1-2 지역화와 규모의 경제

'지역화'는 특정 산업이 특정 지역에 집중하는 현상을 말한다. 해당 지역의 관점에서 보면 특정 산업에 '특화'하는 것으로 볼 수 있다. 근래 한국에서 빈번하게 언급되면서도 개념이 뚜렷하지 않아 혼란을 초래하기도 하는 용어의 하나인 '클러스터'가 바로 이에 해당된다. 따라서 지역화의 개념을 명확히 하고 그것이 형성되는 원천을 정확히 설명하는 크루그먼의 분석은 유용하다.

지역화는 산업화 과정에서 나타나는 두드러진 특징의 하나로서 19세기 후반 많은 학자들이 큰 관심을 가졌다. 크루그먼은 그 중에서도 지역화 현상에 대하여 고전적 분석을 한 알프레드 마셜에 근거하여 지역화의 원천을 '노동시장 풀링', '중간재 공급' 및 '지식 파급' 등 마셜의 삼위일체라고 본다. 이러한 세 가지 요인은 모두 외부 규모의 경제를 발생시키는 요인으로 간주되는 것이다.[36] 결국 규모의 경제, 즉 수확체증이 지역화의 핵심 요인임을 주장하고 있다고 볼 수 있다.

크루그먼은 마셜의 선구적인 분석을 보다 현대적으로 풀어 설명한다. 그는 이 세 가지 요인을 설명하는데, 통상적인 접근들과는 달리 기술적 파급을 가장 후순위로 놓는다. 그 이유는 기술적 파급이 강조하는 첨단기술과는 무관한 산업에서도 지역화 수준이 높고, 기술적 파급의 외부경제 효과는 모형화하기 어려우며, 첨단기술은 유행을 타는 것이기에 이에 대항하는 의도적 노력이 필요하기 때문이다.

첫째, 노동시장 풀링과 관련해서는 어떤 산업에 두 기업이 있고 이들은 독특한 유형의 숙련노동자를 고용한다는 가정 아래 기업과 노동자가 서로 상이한 두 개의 입지(각 기업의 기업도시)를 선택하는 것과, 동일한 한 개

---

35) 규모의 경제는 발생 요인이 기업의 내부냐 외부냐에 따라서 '내부 규모의 경제'와 '외부 규모의 경제'로 구분된다. 내부 규모의 경제에서는 평균비용의 하락이 기업 자체의 생산 수준의 증가에 의하여 이루어진다. 기업이 더 많이 생산할수록 규모의 경제로부터 이익을 더 얻을 수 있으며, 소규모 기업에 대한 비용 이득이 더욱 커진다. 지리경제학 문헌에서 전형적으로 이용되는 내부 규모의 경제 배후의 시장구조는, 내부 규모의 경제가 시장 지배력을 의미하기 때문에 반드시 불완전경쟁 중의 하나여야 한다.

반면 외부 규모의 경제에서는 평균비용의 하락이 산업 전체 수준에서 산출의 증가를 통하여 나타나며, 이때 단위당 평균비용은 산업 전반의 산출의 함수이다. 스치토프스키(Scitovsky)는 이를 다시 순수 외부경제와 금전적 외부경제로 구분한다. 순수(또는 기술적) 외부경제에서는 산업 전반의 산출의 증가는 각 개별 기업의 투입과 산출 간의 기술적 관계를 변화시키고, 기업의 생산함수에 영향을 준다. 이는 여기서 셋째 요인인 정보파급(기술적 파급)과 관련된다. 산업의 산출 증가는 각 개별 기업에 정의 정보파급을 통하여 지식의 양을 증가시키고, 이는 기업 수준에서 산출의 증가를 야기하며, 개별 기업의 규모가 문제가 되지 않기 때문에 시장 구조는 완전경쟁적일 수 있다. 한편 금전적 외부경제는 개별 기업에 가격효과를 통하여 시장에 의하여 전달되며, 그러면 개별 기업은 산출 결정을 변화시킬 수 있다. 이는 여기서 앞의 두 가지 요인인 노동시장 풀링과 특수한 비교역 중간재와 관련된다. 하나의 대규모 산업은 전문화된 중간재 시장과 산업 고유의 숙련 노동자 풀을 지원할 수 있으며, 이는 개별 기업에 이득이 된다. 순수외부경제와 달리 이러한 파급은 투입과 산출 간의 기술적 관계(생산함수)에 영향을 미치지 않는다. 이에 대해서는 Steven Brakman, Harry Garresten, Charles van Marrewijk, *The New Introduction to Geographical Economics*, 2009, Cambridge University Press, pp.38~40 참조

의 입지를 선택하는 것 중 어느 쪽이 이득이 되는가 라는 질문을 던진다.

기업의 입장에서 볼 때 자신들에게만 얽매인 노동자를 고용하는 기업 도시 쪽을 선호할 것으로 생각되지만, 이 경우에는 호황일 경우 노동에 대한 수요에 비하여 공급이 부족한 초과수요가 발생하여 경제적 이득의 기회를 살릴 수 없기 때문에 기업에 손해가 된다. 오히려 두 기업이 한 지역에 몰려 있을 때는 최소한 한 기업의 호황은 다른 기업의 불황과 맞아떨어질 수 있어서 추가 노동자를 확보할 수 있게 되므로 이득이 될 수 있다. 크루그먼은 이 논리를 '효율이득'이라고 본다.

또한 기업들이 두 입지 모두에 입지하지 않고 한 입지에만 모이게 되어 그 결과 노동시장 풀링이 이루어짐을 정당화하는 것은, 충분히 큰 규모의 경제가 하나의 생산입지만을 촉발할 정도로 존재한다는 점이다. 예를 들어 고정비용이 들기 마련인 어떤 기계를 도입할 경우 규모의 경제가 실현되려면, 그 기계를 충분히 활용할 수 있을 정도의 수요가 있어야만 가능하기 때문이다.

둘째, 전문화된 투입물과 서비스 등의 중간 투입물이 지역화를 촉진하는 일은 비교적 쉽게 설명된다. 즉 지역화된 산업은 그 산업에 특화된 전문화된 기계나 중간재의 공급이 필요하며, 그러한 공급이 충분할수록 해당 산업은 효율적이 되고 지역화는 강화된다. 이 역시 우리가 주변에서 흔히 볼 수 있는 현상이다.

예를 들어 모터 산업이 지역화된 입지에는 모터 생산 기업들이 만든 제품을 시험하거나 인증하는 데 필요한 특화된 기기가 필요한데, 이러한 기기는 비용 부담으로 인하여 개별 기업으로서는 구입하기 어려워서 일단 어느 지역에 이러한 기기들이 갖추어지면 여타 지역의 기업들도 이를 활용하기 위하여 이곳으로 모이게 마련이어서 집중은 더욱 강화된다.

또한 중간재가 지역화를 촉진하는 것은 어느 정도 규모의 경제에 의존한다. 왜냐하면 규모의 경제가 없으면 대규모의 중간재 공급센터나 소규모 공급센터나 효율성에 차이가 없기 때문에 굳이 전문화된 중간재 확보를 위하여 한 지역에 특정 산업의 기업들이 모일 유인은 사라지고, 그 결과 지역화가 강화될 이유는 없어지기 때문이다.

셋째, 기술적 파급에 대하여 크루그먼은 이 요인이 지역화의 중요한 요인임에는 틀림이 없지만, 전형적인 이유라고 가정해서는 안 된다고 주장한다. 이를 증명하고자 표준산업분류 3단위의 제조업종별로 지역화의 정도를 측정하는 입지지니계수를 추정한다. 흔히 소득분포의 불평등도를 나타내는 데 이용되는 지니계수와 같은 것이다. 측정 결과 다수의 산업에서 계수가 높게 나타났을 뿐 아니라 섬유산업과 같이 첨단산업이 아닌 업종에서 매우 높게 나타났다. 이는 고도로 지역화된 산업이 반드시 첨단산업은 아님을 의미하게 되어 크루그먼의 주장을 뒷받침한다.

크루그먼은 지역화를 창출한 역사적 사건에 대한 고전적 사례들을 제시한다. 미국 카펫 산업의 수도로 불리는 조지아 주의 돌튼 시의 경우, 1895년 에반스라는 소녀가 우연히 침대보를 만들게 된 것이 단초가 되어 이웃주민들이 합세하고, 그 후에는 여타 카펫 기업들이 모여들게 됨에 따라 형성되었다. 이와 유사한 사례는 뉴욕의 칼라깃과 소맷동, 글로버스빌과 존스타운의 가죽장갑 그리고 매사추세츠 주 북동부의 신발 등 여러 산업에서 발견된다.

크루그먼은 지역화 사례에서 중요한 것은, 초기의 사건이 아니라 그 사건이 광범위하고 오랜 기간에 걸쳐 효과를 유발하게 만든 누적적 과정의 성격이라고 본다. 크루그먼은 역사적으로 볼 때 그러한 누적적 과정이 실리콘밸리처럼 첨단산업이 지역화된 곳뿐만이 아니라 곳곳에 만연되어 있으며, 그러한 지역화에는 지역화의 세 가지 요인 중 노동자 풀링과 특화된 중간 투입물의 공급이 기술적 파급이 없는 곳에서도 중요한 역할을 한다고 주장한다.

한국의 경우에도 이와 유사한 사례가 종종 발견된다. 대표적으로 진주의 실크 산업[36]은 1900년대 초반 인근 산청, 함양의 질 좋은 누에고치와 풍부한 노동력 및 진주 남강의 염색에 유리한 풍부한 용수를 이점으로 하여 가내공업 형태로 실크 제품이 생산되면서 시작되었다. 1910년대에는 공장제 생산 기반이 갖추어지고, 1920년대에는 대구에서 이주한 기업인에 의하여 동양제견소라는 근대적 견직공장이 설립되었으며, 1930년대에는 비

---

36) 이하 이와 관련된 내용에 대해서는 김은주, 이종호 (2011), 「진주 실크산업 집적지의 발전과정과 입지 특성」, 『한국사진지리학회지』, 제21권 4호, pp.13~23 참조. 또한 제조업은 아니지만, 홍대 앞이나 대학로에 문화예술인과 관련 업체들이 집적하여 일종의 문화 클러스터를 형성한 사례도 이와 유사하다. 처음에는 저렴하면서도 도심에 대한 접근성이 좋아서 이 지역에 문화예술인들이 하나둘씩 모여들기 시작하다가, 오랜 시간이 흐르면서 집적의 이점을 활용하고자 더욱 많은 예술가들과 관련 업체 및 수요자들이 모이면서 자연스럽게 지역화가 이루어졌다.

단이 대중화되면서 생산량이 급증하였다.

해방 이후에도 조일견직이 설립되어 '진주뉴똥'이라는 물세탁이 가능한 견직물이 생산되면서 직물 산업은 크게 활성화되기 시작하였으며, 1978년에 상평공단이 들어서면서 실크 관련 업체들이 이주, 집적하면서 실크는 진주에 지역화된 대표적인 산업이 되었다. 1990년대 이후 인건비 상승, 원료 공급의 어려움, 견직업체의 영세성 및 기술개발의 부족 등으로 사양화에 접어들고 있지만, 2008년 현재 진주에는 전국 실크업체의 70%가 입지하는 등 여전히 집적도가 매우 높다.

크루그먼은 실리콘밸리나 루트128과 같은 첨단기술 클러스터는 선지적 관료들의 초기 역할을 제외하면, 지역화된 전통적 산업들과 다를 바가 없다고 간주한다. 이들 지역의 지역화 과정에서는 비첨단기술 요소로서 기예를 갖춘 사람들의 풀이 갖는 중요성을 강조하지 않을 수 없는데, 이는 노동자 풀링과 다름 아니기 때문이다.

한국의 대덕 주변에 형성된 연구개발 클러스터도 이와 다를 게 없다. 당초 정부의 정책(선지적 관료!)에 의하여 1970년대에 연구단지로 조성되었고, 1980년대부터 정부와 민간의 각종 연구소들이 입주하기 시작하여 기예를 갖춘 사람들의 풀(노동자 풀링)과 각종 실험, 인증장비들이 갖추어져서 특화된 중간재 공급이 가능해지면서 지역화의 요건들이 충족되었다.

크루그먼은 끝으로 20세기 후반에 들어서면서 더욱 중요해지고 있는 서비스업의 지역화에 대하여 간략히 언급한다. 패스트푸드점과 같은 일부 서비스업은 지역에 밀착하여 있어서 지역화가 거의 진전되지 않은 반면,

금융과 같이 교역 가능한 서비스업은 런던과 같은 특정 지역에 매우 밀집하여 있어서 지역화가 크게 진전된 것으로 나타난다.

서비스업이 특정 지역에 집중하는 현상은 정보통신 산업의 발전에 기인한 바가 크다고 본다. 제조업의 집중에 수송비의 역할이 컸던 것과는 약간 차이가 있다. 그럼에도 불구하고 지역화 과정은 전통 제조업에서와 마찬가지로 일부 우연한 사건이 계기가 되고 이것이 누적과정을 거친 결과라고 본다. 역사와 우연의 역할이 서비스업에서도 다르지 않다.

3-1-3 수송비의 중요성

잘 알려진 바와 같이 헥셔오린 모형이나 리카아도 모형 어디에도 국가 간 거리나 수송비에 관한 언급은 없다. 공정 간 생산요소의 이동이나 국가 간 재화의 이동도 수송비 없이 즉각 이루어진다고 가정함으로써 분석은 비현실적이 되기 일쑤이다. 경제모형이 복잡한 현실로부터 본질적인 요인들을 뽑아내는 전략적 단순화 과정에서 일부 비현실성이 나타나기 마련이라고 해도, 거리가 무역에 미치는 영향[37]과 같은 중요한 이슈들이 묻혀버

---

37) 무역 규모가 양국의 거리에 반비례하고 경제규모에 비례하는 일종의 중력법칙이 작용한다는 중력 모형은, 네덜란드의 경제학자 얀 틴버겐(Jan Tinbergen)이 제안하고, 강력한 실증적 증거에 의하여 뒷받침되는 이론이다. 이에 대한 교과서적 설명으로 Steven Brakman, Harry Garresten, Charles van Marrewijk (2009), *The New Introduction to Geographical Economics*, Cambridge University Press, pp.17~21 참조. 중력 이론에 따르면 최근 세계 제2의 경제대국이자 한국에서 거리가 가장 가까운 중국이 한국의 최대 무역 대상국이 된 것은 자연스러운 현상이다.

리는 것은 문제가 아닐 수 없다.

크루그먼은 경제활동에서 수송비의 역할을 중요시하고 있어서 현실 경제에 대한 설명력이 뛰어나다. 경제활동이 공간 위에서 이루어지기에 거리에 따라 다르게 발생하는 수송비가 주요한 경제적 고려 요인이 되지 않을 수 없는 게 현실이다. 크루그먼의 모형에서는 수송비 그 자체에 존재하는 규모의 경제가 수송비의 하락을 통하여 경제활동의 집중에 중요한 역할을 한다.

두 지역 간의 대규모 수송 수요에 부응하고자 철도나 고속도로의 건설이 결정되면, 일거에 대규모 투자가 필요하고 일단 투자가 이루어져서 건설될 경우 활용이 늘어난다고 하여도 일정한 임계치 이전에는 추가적인 고정비용 없이 단가가 하락하는 규모의 경제가 작용하기 때문이다. 결국 이는 해당 지역들의 집중의 우위를 더욱 강화하게 되는데, 집중의 원천으로서 지역시장 규모에 따른 수요효과를 제외하더라도 수송비 자체를 지리적 집중의 독립적 원천으로 볼 수 있게 된다.

앞서 살펴본 한국 영남권의 집중 역시 수송비의 규모의 경제 사례로 볼 수 있다. 영남권에 기업들이 집중함에 따라 거기에서 창출된 소득에 의하여 수요 또한 더욱 커지게 되었을 뿐 아니라, 여기에 수요와 공급을 연결하는 수송망 수요가 커지게 되고, 이것이 수송망의 공급으로 연결되면서 수송비 또한 하락한 것이다. 이것이 다시 경제활동의 집중을 강화한 것은 물론이다.

이는 비단 제조업의 집중뿐 아니라 사람들이 대규모 주거 지역에 입지하는 현상을 직관적이고 간명하게 설명하는 데 매우 유용하다. 어느 지역에 대규모 아파트단지가 건설되면 많은 사람들의 입주가 예상됨에 따라 교통 수요 증가에 부응하여 전철이나 버스노선이 연결되고, 그에 따라 역이나 정류장이 생기게 되며 이는 그만큼 이동 시간 감소를 비롯한 수송비의 하락을 수반하기 때문에 더 많은 사람들의 입주를 유도하게 되고, 결국 그 지역의 집중을 강화하게 된다. 우리가 흔히 목격하는 소위 '역세권 효과'에 다름 아니다.

3-1-4 경로의존성

크루그먼은 공간을 넘나드는 데에는 수송비가 발생하며, 생산에는 규모의 경제가 작용하고 있음이 강의의 핵심이라고 말한다. 규모의 경제로 인하여 생산은 제한된 수의 입지에 집중하고, 수송비 때문에 수요가 크거나 요소 공급이 특히 편리한 곳이 입지로 선택되며, 일단 자리 잡은 산업의 집중은 스스로 유지되는 경향이 있다는 것이다. 또한 이렇게 결정된 경제활동의 공간적 입지는 컴퓨터 자판이 사용자의 편의를 고려하지 않은 채 만들어진 초기 타자기의 배열 구조가 아직 그대로 사용되듯이 일종의 경로의존성을 보인다고 주장한다.

경로의존성은 우리 현실에서 흔히 볼 수 있다. 핸드폰의 경우를 보아도 처음 구입하여 사용한 핸드폰에 큰 문제가 없는 한 대부분의 사람들은 같은 방식의 제품을 다시 구매하는 경향이 강하다. 원래의 핸드폰을 사용하는 방식에 익숙하다 보니 작은 불편이 있다 하더라도 그대로 사용하는 것이 새로운 방식의 핸드폰을 살 경우 익숙하지 않은 사용 환경에 적응하는 데 들여야 하는 수고로움을 감수하는 것보다 낫다고 보기 때문이다.

크루그먼의 이러한 결론은 한국의 실정에도 부합한다. 앞에서 살펴보았듯이 생산 활동의 집중이 발생하였던 영남과 그렇지 않은 호남의 경제적 격차는, 1960년대 중반 이래 미국과 일본을 비롯한 자본주의 세계 시장을 대상으로 국제무역을 통하여 산업화를 추구하는 과정에서 일제 강점기에 만들어진 경부 축을 중심으로 한 수송망 체계를 변동시키지 않고 오히려 심화시킨[38] 결과 유지되었다. 그 후 호남지역에 철도와 고속도로망이 확충되었음[39]에도 불구하고 산업의 집적이나 이탈한 인구의 복귀가 이루어지지 않고 있다[40]는 점에서 크루그먼이 강조하는 경로의존성의 높은 설명력을 확인할 수 있다.

---

[38] 1970년 경부 고속도로가 4차선으로 개통되는데, 이는 대전과 순천을 잇는 호남고속도로가 1973년에야 2차선으로 개통된 것과 대비된다. 경부 고속도로가 호남 고속도로에 비하여 규모가 크게 조성된 데에는 앞서 크루그먼이 설명한 수송비 자체에 있어서 규모의 경제가 작용함을 의미하기도 한다.

[39] 2차선이던 호남 고속도로는 대전~논산 간이 1985년, 논산~광주 간이 1986년, 광주~고서 간이 1989년 그리고 고서~순천 간이 1996년에 4차로로 확장되었다. 호남 고속철은 2004년에 개통된 경부 고속철도에 비하여 11년 늦은 2015년에 1단계 구간인 오송 역과 광주송정 역 구간이 개통함으로써 정식으로 운행되고 있다.

[40] 전라남북도와 광주광역시를 포함한 호남권의 인구 비중은 1955년 24.8%에서 2000년 12.5%로 감소하였고, 호남권의 제조업 집적도는 1935년 14%에서 지속적으로 하락하여 오다가 1980년대 이후 서서히 상승하여 오고 있음에도 불구하고 2003년 현재 7%대에 머물고 있다. 이윤, 구자형 (2005), 「한국 제조업의 지리적 분포, 1909~2003」, *경제사학*, 경제사학회, vol.38, p.68~74 참조

3-1-5 국가와 산업정책

크루그먼은 독립적 경제 단위로 간주되는 국가관에 이의를 제기하며, 유럽연합의 출범에 즈음하여 국가의 성격이 재조명되는 당시 상황에서 유럽의 미래를 전망한다. 경제적 측면에서 볼 때 국가의 역할에 대한 그의 관점은 간단하다. "국가는 국가가 취하는 제약에 의하여 규정되어야 한다."는 것이다. 경제 활동에 대한 제약의 관점에서 파악해야 국가의 본질을 제대로 이해할 수 있다는 얘기이다.

국가가 중요한 이유는 정부를 가지며 정부의 정책이 재화와 생산요소의 이동에 영향을 미치기 때문이다. 물론 이러한 제약은 변화하기 마련이어서 재화의 이동은 과거에 비하여 많이 자유롭게 되었다. 특히 유럽공동체(EC)의 경우 원칙적으로는 완전히 자유롭다. 그만큼 경제활동에서는 국가의 역할이 줄어들 여지가 커진 것이다.

따라서 국가는 그가 이 책에서 누누이 강조하는 규모의 경제 또는 외부경제가 작용하는 적절한 지역 단위는 아니다.[41] 즉 2장의 노동시장 풀링, 중간재 공급 및 지식 파급 등 소위 마셜리안 삼위일체로부터 발생하는 지역화경제는 한 도시 정도의 작은 규모에서 가능한 것이며, 1장의 중심-주변 모형에서 생산활동의 집중을 유발하는 수송비에 직면한 시장 규모 효과 역시 사실상 유럽에서 한 국가의 범위를 넘어서서 나타나기 때문

---

41) 같은 이유로 국가 내의 행정구역 또한 외부경제가 작동하는 적합한 경제적 단위는 아니다.

이다.

이는 유럽연합의 중심이 어디에 형성되어 있는가를 통해서도 쉽게 확인된다. 즉 유럽연합에서 최대의 중심은 한 나라로서 대국인 독일 전체가 아니다. 독일에서는 서쪽의 노르트라인웨스터팔렌 주만이 포함되며, 여기에 소국이라고 볼 수 있는 벨기에와 네덜란드의 남부 지방이 포함된다. 또한 작은 중심이 프랑스의 파리와 이탈리아의 밀라노나 스페인의 마드리드 등에도 형성되어 있으며, 2004년 이후 유럽연합에 새로 가입한 폴란드, 체크 및 슬로바키아는 그리스, 포르투갈, 아일랜드 및 일부 이탈리아 등 기존 유럽연합 국가들보다 경제적으로 더욱 집중되어 있는 것으로 나타나고 있다.[42]

따라서 종종 제기되는 "외부경제가 국가적 규모에서 적용된다."는 주장은 타당하지 않다고 비판한다. 외부경제가 국가의 정책에 의하여 가능해지는 것이지 해당 국가에 지역으로서 고유한 경제적 중요성이 있는 것이 아니기 때문이다. 국가를 경제적 단위로서 간주하려는 시도에 대하여 경종을 울리고 있는 셈이다.

크루그먼은 나아가 소국도 생산의 지리적 구조에 따라서는 중심이 될 수 있다고 주장하는데, 이는 한국에 대해서도 시사하는 바가 크다. 최근

---

42) Steven Brakman, Harry Garresten, Charles van Marrewijk (2009), *The New Introduction to Geographical Economics*, Cambridge University Press, pp.11~12 참조

중국이 세계 제2의 경제대국으로 부상하는 가운데 한국의 중국에 대한 무역의존도가 높아지고 있다. 뿐만 아니라 양국 간 자유무역협정이 발효되어 양국의 경제는 더욱 통합되고 있어서 일각에서는 한국이 중국 경제에 종속되는 주변부로 전락할 것이라는 우려가 제기되고 있다.

대국인 중국도 여러 지역으로 구성되어 있는 만큼 한국도 반드시 중국의 주변으로 전락한다고 보기는 어렵다. 오히려 산동성을 비롯하여 한국에 인접한 지역을 경제적으로 밀접하게 연계시킬 수 있다면 이를 포괄하는 보다 큰 중심이 될 수도 있다. 이 경우에도 경제활동의 지리가 어떻게 형성되느냐에 따라서 그 중심에는 한국의 전부가 아니라 일부만이 속할 수도 있다.

한편 크루그먼은 미시적 차원에서의 산업정책에 대하여 그 유용성을 인정하지 않는 주류 경제학과는 다소 다른 입장을 견지한다. 자기완결적 기대에 근거하여 소규모 지역 수준에서의 산업정책은 현실의 요구에 부합할 수도 있음을 인정한다. 적극적인 지역산업육성 정책이나 투자유치 정책을 추진하고 있는 일본이나 한국과 같은 나라에서 이러한 사례를 발견할 수 있다.

인천의 신개발지인 송도가 당초 갯벌을 메워 조성한 허허벌판이었지만 장기적으로 송도에 사람과 기업이 많이 이주할 것이라는 인천시나 관계 기관의 적극적 홍보정책 등에 따라 자기완결적 기대가 형성되었고, 그에 따라 사람과 기업의 이주가 이루어지기 시작하면서 결국 송도에 사람과 기업이 집중되었다고 볼 수 있다.

3-2 유럽연합의 전망과 현실

크루그먼은 유럽연합의 출범에 즈음하여 유럽의 주변부가 맞이한 냉정한 현실을 설명하고 장기적 전개와 발전에 대하여 전망한다. 2017년은 흔히 유럽연합의 모태라고 부르는 로마조약이 1957년 체결된 지 60년이 되는 해이다. 영국의 이탈로 분열 위기를 맞은 유럽연합의 현실을 20여 년 전에 예견한 크루그먼의 예리한 통찰력을 엿볼 수 있다. 유럽의 주변부에는 안타깝지만 이러한 우려는 이제 현실로 다가온다. 그의 논리는 크게 지역화와 수송비라는 두 가지 관점으로 요약될 수 있다.

3-2-1 지역화의 관점

크루그먼은 역내에서 재화뿐 아니라 생산요소의 이동도 자유화하는 유럽연합의 출범을 앞두고 유럽 국가들이 산업구조 면에서 적합한 여건에 있는가를 살펴본다. 산업구조의 차이는 지역화를 통하여 알 수 있는데, 특정 산업이 특정 국가에 집중(특화)되어 있는 정도를 나타내는 지역화가 커질수록 국가 간에 산업구조의 차이가 나기 때문이다.

유럽의 주요 4개국과 미국의 그에 상응하는 주요 네 개 지역 간에 지역화의 정도를 비교한 결과, 유럽 국가들이 미국의 지역들에 비하여 덜 특화(지역화)된 것으로 나타났다. 이는 유럽이 그간 꾸준히 역내 교역 장벽을 제거하여 왔기에 미국이나 유럽이나 지역간/국가간 차별화 정도가 유사할 것이고, 미국이나 유럽의 지역화 정도 역시 유사할 것이며, 더욱이 유럽의 4개국보다 미국의 4대 지역 간의 거리가 더욱 멀기에 지역화는 오히려 유럽이 더욱 진전되었을 것이라는[43] 기대에 반한다.

보다 극단적 경우로서 유럽에서 중공업 지역인 독일과 경공업 지역인 이탈리아 간의 지역화를 미국의 그에 상응하는 지역(중서부와 남부) 간의 지역화와 비교하여 보아도 마찬가지이다. 즉 섬유, 의류, 기계류 및 운송장비 등 업종별로 유럽의 양국이 차지하는 비중과 미국의 그에 상응하는 지역들이 차지하는 비중을 비교해 보면, 국가 간(지역 간) 업종별 비중의 차이는 유럽의 경우가 미국에 비하여 훨씬 작다. 그만큼 유럽에서 국가 간 산업구조의 차이가 적다는 것이고 지역화가 덜 진전되었음을 보여준다.

크루그먼은 그 이유를 무역 장벽에서 찾는다. 즉 유럽에서 규제자로서 국가의 역할이 상대적으로 컸다는 것이다. 19세기에 미국과 유럽 모두에서 수송비가 하락하고 규모의 경제가 중요하게 되었는데 유럽에서는 높은 관세가 이를 억제하였고, 20세기에 들어서는 두 차례에 걸친 세계대전과 '경쟁적 평가절하 정책'[44]으로 인하여 무역장벽이 강화되었을 뿐 아니

---

43) 미국은 4대 지역들이 서로 멀리 떨어져 있어서 상대적으로 수송비를 비롯한 거래비용이 커서 각각 독자적인 경제활동을 할 것이므로 유사한 산업구조를 보일 것이고, 유럽은 상대적으로 가까우므로 거래비용이 작아서 서로 상호 보완되게 상이한 산업구조를 보일 것이므로, 유럽 4개국 간 지역화 정도가 미국에 비하여 더 높을 것으로 기대할 수 있기 때문이다.

44) 이는 각국이 자국의 제품은 수출을 장려하고 타국의 제품은 수입을 억제하고자 자국 통화가치를 낮추는 정책으로, 결국은 세계 시장 규모의 위축을 야기하고 이로 인한 각국의 수출 감소와 그에 따른 소득 감소를 유발하는 악순환을 낳게 된다. 이로 인하여 소위 근린 궁핍화 정책(Beggar-thy-neighbor Policy)이라고도 불린다.

라 유럽공동체 설립 이후조차 국산품을 우대하는 미묘한 정부정책들과 규제로 인하여 유럽에서 무역장벽이 미국보다 훨씬 높게 유지되어 왔기 때문이다.

이러한 유럽의 낮은 지역화의 현실을 감안하여 크루그먼은 두 가지 이유로 유럽연합의 출범이 기대와는 달리 우려스러운 결과를 초래할 수 있다고 지적한다.

첫째, 유럽연합의 출범으로 경제통합이 심화되어 가면 회원국들은 과거 미국이 거쳤던 길을 따라간다고 볼 수 있는데, 이 경우 유럽의 지역화 수준은 미국만큼 높아질 것이다. 통합된 유럽경제에서 국가 간 산업구조가 지금보다 차이가 더욱 커질 것임을 의미하는데, 독일과 같은 나라는 경공업 비중이 줄어드는 대신 첨단산업 비중이 더욱 높아질 것이며, 이탈리아와 같은 나라는 반대 방향으로 나타날 것이다. 따라서 이탈리아처럼 상대적으로 산업구조가 낙후된 나라들은 산업의 저부가가치화가 심화되어 그에 따른 주변화를 우려해야 할 상황을 맞이하게 됨을 시사한다.

게다가 유럽연합은 1958년 유럽경제공동체(EEC)의 출범 당시와는 다른 방향으로 전개될 수 있음을 지적한다. 즉 유럽경제공동체 출범 당시는 지금보다 지역화가 덜 진전되었기 때문에 국가 간 산업구조의 차이가 크지 않고, 따라서 무역도 산업내무역이 주종을 이루었으며, 그에 따라서 산업구조조정의 문제도 거의 없었다. 하지만 유럽연합이 출범하면 앞선 논의에 비추어볼 때, 지역화가 진전될 것이므로 특화에 따라 국가 간 산업구조의 차이가 커지면서 무역은 산업간 무역으로 전개될 가능성이 높아지게 되고, 산업구조조정의 문제가 대두될 우려[45]가 높다.

둘째, 이 강연이 이루어질 당시 유럽연합은 화폐통합을 예정하고 있었고, 실제로 2008년부터 실거래에 이용되기 시작하였는데, 향후 유럽연합 내 각국의 지역화의 방향을 감안할 때 당초 기대했던 성과를 내기 어려울 것이라는 점이다. 로버트 먼델(Robert A. Mundell)의 '최적통화 지역'을 이론적 근거로 삼는 화폐통합은 역내 국가들에 무역에서 거래비용이 감소하는 이익과 동시에 독립된 금융정책을 실시할 수 없게 되어 국가 고유의 충격에 대응하기 어려운 비용을 수반한다. 통상적으로 무역이 증가할수록 공동통화로부터의 이득은 커지고 환율 조정 자유의 가치는 낮아진다고 보는데, 유럽연합의 출범이 무역의 증가를 유도할 것이기에 통화통합의 논리는 강화될 것이라는 주장이 지배적이다.

이러한 주장은 유럽연합이 출범하면 회원국 간 경제구조가 수렴될 것이라는 낙관적 기대에 기초한다. 각국 간의 산업구조가 유사할수록 무역을 할 때 직면하는 공동통화의 효과가 각국에 비슷하게 영향을 미치므로 각국이 당면하는 충격 또한 비슷해져서 별도의 통화를 도입할 필요성이

---

45) 국가 간 산업구조 차이가 커진다는 것은, 과거 유사한 산업구조였을 때에 비하여 일부 산업이 도태되고 그에 따라 해당 산업에서 기계를 비롯한 생산설비의 폐기와 실업을 야기하게 된다. 그에 따라 이들 잉여자본과 노동을 신규 산업이나 여타 기존 산업에서 활용토록 하여야 하는데, 이러한 구조조정 과정은 자본 손실을 초래할 뿐 아니라 적지 않은 시간과 노력을 요구하기 마련이어서 고통을 수반한다. 한국에서 종종 논의되는 사양산업 문제와 해운업이나 조선업의 산업구조 조정이 이에 해당된다.

줄어들기 때문이다. 하지만 앞서 살펴보았듯이 유럽연합의 출범이 각국 간 산업구조의 차이를 확대하는, 즉 지역화를 심화시키는 방향으로 전개되면 공동통화의 도입은 순효용이 떨어질 수밖에 없다. 국가마다 충격이 다른 상황에서 공동통화로는 각국이 당면하는 상이한 유형의 피해를 완화하기 쉽지 않기 때문이다.

이는 근래 유럽연합의 주변국에 속하는 이탈리아나 스페인이 겪고 있는 현실을 설명한다. 양국은 산업경쟁력 약화를 겪으며 끊임없는 산업구조 조정의 압력과 경제침체가 계속되고 있다. 그럼에도 불구하고 공동통화로 인하여 독자적인 통화, 환율 정책을 펼 수 없는 상황이어서 위기에서 쉽게 벗어나지 못하고 있다. 크루그먼의 지리경제학 이론의 뛰어난 현실 설명력을 보여준다.

3-2-2 수송비의 관점

크루그먼은 수송비의 관점에서 유럽연합의 출범이 유럽 전체를 번영으로 이끌 것이라는 당초의 이상에 대하여 전망한다. 유럽연합이 단지 앞의 논리처럼 지역화의 심화만을 초래한다면 각국의 구조조정을 촉진하는 어려운 문제는 있지만, 무역 증가 등에 의한 효율 이득에 의하여 상쇄되어 그다지 우려할 만한 상황은 발생하지 않을 수도 있다고 본다. 하지만 중심과 주변의 관점에서 볼 때 유럽연합의 출범으로 북서쪽의 중심부로 경제활동이 더욱 집중되어 주변부 국가들이 더 주변화된다면 상황은 달라진다.

크루그먼은 이를 분석하기 위하여 먼저 유럽연합 출범을 앞둔 당시 유럽의 중심과 주변의 현황을 짚어보는데, 유럽은 특히 구매력을 기준으로 볼 때 강력한 중심-주변 패턴이 드러난다. 이러한 상황에서 유럽통합에 따른 통합의 심화가 선진화된 중심에 대한 주변의 접근성 개선을 통하여 제조업자들이 주변으로 이동하는 것을 촉진함으로써 주변부 산업을 도울 수 있을지 여부가 문제가 된다. 구심력이 작용하여 주변부 산업이 중심으로 빨려 들어간다면, 주변부에 통합은 오히려 손해가 될 것이다.

크루그먼은 이를 설명하기 위하여 임금률과 생산비가 높지만 시장에 대한 접근성이 좋은 중심국과, 임금률은 낮으나 시장에 대한 접근성이 덜 좋은 주변국이 있는 상황에서 양 국가 중 일국 또는 양국 모두에 입지할 수 있는 한 산업이 있다고 가정한다. 이 상황에서 수송비(넓은 의미에서 무역장벽)가 하락하면 두 가지 효과가 나타난다.

하나는 생산비가 저렴한 곳으로 생산을 이전시키는 것이고, 다른 하나는 규모의 경제를 실현하기 쉽게 생산을 한 지역(중심)에 집중하게 만드는 것이다. 후자의 경우 중심으로 집중하면 높은 임금으로 인하여 비용은 더 들지만 집중을 통하여 규모의 경제를 강화할 수 있을 뿐 아니라, 낮은 수송비로 인하여 주변부에 대한 접근성이 개선되어 비용이 절감됨으로써 이득이 커질 수 있기 때문이다.

크루그먼은 이 모형을 벨기에가 중심이고 스페인이 주변인 가설적 사례에 적용한다. 생산비는 스페인에서 생산하는 것이 유리하지만, 규모의 경제 때문에 양국에서 생산하는 것보다는 일국에서 생산하는 것이 더 싸며, 양국에서 생산하는 것이 수송비용을 최소화하지만 수요가 많은 중심에서 생산하는 것이 수송비가 덜 든다. 이때 수송비가 각각 '높고', '중간'이고 그리고 '낮은' 세 가지 경우에 생산비와 수송비의 합계를 최소화하는 곳에서 결정되는 생산 입지의 변화를 추적한다.

수송비가 높은 경우에는 양국에서 생산이 이루어지지만, 낮은 경우에는 스페인에서 생산이 이루어지게 된다. 반면 수송비가 중간인 경우에는 생산 입지는 오히려 벨기에로 이동하게 된다. 왜냐하면 생산비와 수송비의 합이 생산을 집중시킬 정도로 충분히 낮은 상황에서 여전히 시장에 대한 접근이 입지의 결정인자로서 양국의 생산비 차이를 초과할 만큼 크기 때문이다. 따라서 주변국인 스페인의 입장에서 수송비의 하락에 따른 생산 추이를 보면, 수송비가 높을 경우에는 스페인에서 자체 생산하다가, 중간 수준에서는 오히려 생산이 벨기에로 넘어 갔다가, 낮아져서야 다시 생산이 증가하는 U자형을 취하게 된다.

이 모형을 유럽연합의 출범을 목전에 둔 유럽의 주변부에 적용하여 미래를 예측하여 본다면, 주변부가 현재 어느 단계의 수송비(무역장벽)에 있느냐가 중요해진다. 만약 U자의 좋은 부분, 즉 주변부에 유리하게 수송비가 중간 수준을 넘어 하락하고 있는 경우라면, 주변부는 통합을 통하여 이득을 얻을 수 있을 것이다. 그러나 크루그먼은 이를 확신할 수 없다고 한다. 더욱이 산출물이 여전히 수송하기 어려운, 즉 교역장벽(수송비)이 높은(비싼) 서비스업의 교역 비중이 늘어나고 있는 현실에서는 주변부에 이득이 되지 않을 수도 있다는 우려를 표명한다.

주변부에는 이러한 우려가 이제 현실로 다가온다. 비단 유럽연합 내에서 중심부와 주변부로 나뉘고 시간이 지남에 따라 양자 간 격차가 지속적으로 축소되었음을 확인하기 어려운 것뿐만이 아니다. 세계 전체로 확대해보면 세계화가 진전되면서 그에 따라 국가 간 경제적 장벽이 완화되고, 이는 곧 크루그먼이 말하는 수송비 또는 교역비용의 감소를 의미하는데, 그 결과 국가 간 격차가 일반의 기대와는 달리 크게 축소되지는 않은 것으로 나타나기[46] 때문이다.

4 지리경제학의 적용과 유용성

4-1 지리경제학의 적용

이 책은 지리경제학의 정수를 설명한 놀라운 저작이지만, 모든 이론이

---

46) 세계화가 진전된 시기의 국별 1인당 평균소득(1990년 불변 달러 가격 기준)의 소득집단별 변화를 보면, 미국, 캐나다, 호주 및 뉴질랜드 등이 속한 부국집단과 아프리카 국가들로 구성된 하위집단 간의 소득 편차는 1973년 12:1에서 2003년 18:1로 오히려 증가하였다. Angus Maddison (2007), *Contours of the World Economy, 1–2030 AD: Essays in Macro-Economic History*, Oxford and New York: Oxford University Press. 한편 세계은행의 자료(A. Nicita and M. Olarreaga (2007), 「Trade, production, and protection database, 1976–2004」, *World Bank Economic Review*, vol.21, no.1, pp.151~163)에 의하면, 미국, 캐나다, 일본 및 유럽공동체의 초기 창립 구성국(프랑스, 독일, 이탈리아, 벨기에, 네덜란드 및 룩셈부르크)을 중심부로 보았을 때, 이들이 세계 총제조업에서 차지하는 비중은 1975년 86.4%에서 2002년 80.6%로 크게 하락하지 않은 것으로 나타났다. WTO, *World Trade Report 2008*, p.97에서 재인용

그러하듯이 그 내용을 현실에 적용할 때는 현실 상황에 대한 정밀한 검토가 필요하다. 우연히 어느 지역에서 시작된 산업이 해당 지역에 집적되고 경로 의존성을 통하여 유지되는 사례가 있음은 명백하다. 그렇지만 정부의 정치적 동기에 의하여 특정 지역에 입지한 산업이 항상 유지되는 것은 아니다.

단기적으로는 크루그먼이 앞에서 말한 바와 같이 정부의 정책 의지에 의한 일종의 촉진주의 정책이 생산활동의 집중 또는 집적을 촉발할 수 있다고 하더라도 그것이 유지되기 위해서는 공급 측면에서의 수확체증과 생산요소의 조달, 수요 및 수송비 등의 시장 조건이 충족되어야 한다.[47]

일례로서 전자제품의 단순조립업으로 생산활동이 집적되었던 구미 지역의 쇠락은 고도화되는 산업에 필요한 노동력의 확보에 실패한 데 기인한 바가 크다.[48]

한국에서 지리경제학을 정책의 원리로 내세운 대표적인 사례가 참여 정부의 클러스터론이다. 대학, 공장 및 기관을 클러스터로 묶어서 수확체증의 환경을 만들고 그 결과 국토를 '균형'적으로 발전시키겠다는 것이었다. 클러스터 만능주의가 만연하고 전국 방방곡곡은 온갖 유형의 클러스

---

47) 한국 제조업의 경우에도 일단 형성된 생산활동의 집적이 유지되는 것은 시장 환경에 의존하는 것으로 나타난다. 이에 대해서는 이윤, 구자형 (2005), 「한국 제조업의 지리적 분포, 1909~2003」, 경제사학, 경제사학회, vol.38, p.80~85 참조

48) 최근 지방에 있던 국내 굴지의 대규모 전자기업들이 수도권으로 연구개발 및 생산부문을 이전한 것은, 연구 인력을 비롯한 양질의 노동력 확보가 일차적인 동기였다.

터로 이름이 붙여졌다.

그러나 산업에 영감을 줄 만한 인재가 모여 있는 대학은 찾기 어려웠고, 수도권의 일부 지역을 제외하고는 새로운 산업에 종사하는 인력이 증가한 곳이 드물다. 현실을 도외시하고 이론을 도식적으로 적용한 결과는, 안타깝게도 수용된 용지에 만들어진 텅 빈 공단과 풀린 자금으로 발생한 수도권의 주택가격 급등이었다.

한편 이 책은 훈련된 경제학자가 일하는 방식의 전범을 보여준다. 훈련된 경제학자는 모형을 기반으로 경제문제에 관하여 사고한다. 모형을 기반으로 사고하지 않으면, 그 사람이 자유시장경제의 효율성을 말하고 경세제민의 큰 뜻을 열정적으로 설파하더라도 근대적 의미의 경제학자라고 말할 수 없다. 모형은 복잡다단한 현실에서 핵심적 요인들과 현상들을 끄집어내서 그들 간의 구조와 관계를 설명한다. 그에 따라 훈련된 경제학자들 사이의 논쟁은 모형의 기본이 되는 가정, 모형의 정합성, 모형의 현실 설명력 또는 예측력을 중심으로 단순화된다.

모형은 반드시 수식으로 표현되지 않아도 되고, 때로는 수요공급 모형이나 고전적인 성장 모형처럼 간단한 것들이 현실에 강한 설명력을 가지기도 한다. 크루그먼의 모형들도 비교적 단순한 편이다. 모형을 기반으로 논의를 전개하면, 동일한 사안에 대하여 상황에 따라서 과거와 상반되는 주장을 제기하거나, 소속 집단의 이익을 반영하여 모순적인 주장을 늘어놓는 일은 줄어든다. 컴퓨터 프로그램처럼 경제모델은 동일한 변수와 파라미터를 적용하면 동일한 결론을 내리기 때문이다. 그 결과 근대적 직능

집단으로서의 경제학계에 속한 경제학자는 경제현상을 분석하는 과학자의 위치를 가지게 된다.

아직까지도 우리는 주변에서 지식을 권력과 재물의 획득을 위한 수단으로만 여기는 소위 전문가들을 적잖게 볼 수 있다. 그들은 "책중재미인(册中在美人) 책중재부귀(册中在富貴)" 식의 전근대적 학문관을 벗어나지 못하고 있다. 시장경제의 옹호자를 자임하다가도 자본시장의 근간을 흔드는 경영권의 편법승계를 정당화하는 경제학 교수나, 노동조합의 경제적 역할을 역설하지만 조직화하기 어려운 비정규직 노동자의 열악한 조건에는 입을 다무는 경제평론가는 모형에 기반하여 사고하는 훈련된 이코노미스트가 아니다.

이 책을 차분히 읽은 독자들이 난무하는 경제논설의 옥석을 구분하는 기준을 얻게 된다면, 이는 장기적으로 상식이 통하고 합리적인 기준을 따르는 건전한 사회를 여는 데 밑받침이 될 수 있을 것으로 기대한다.

4-2 지리경제학의 유용성

지리경제학은 매우 현실적이며 유용한 학문이다. 지리경제학의 핵심 모형은 수송비의 변화가 경제활동의 분포에 미치는 영향을 비롯하여 구체적이고 다양한 정책적 함의를 갖고 있다. 여기서는 이론적이고 심화된 수준에서 유용성을 살펴보기보다는 한국의 현실에서 정책적으로 쓰임새가 크고 실생활에서 유용한 몇 가지만 제시하여 보고자 한다.

첫째, 지리경제학은 한국의 산업입지 정책에서 유용하게 활용될 수 있다. 한국에서 지난 수십 년간 산업입지 정책의 근간은 정부에 의한 산업단 지의 조성이었다. 하지만 산업단지의 입지 결정 과정을 보면, 과연 왜 그 렇게 하였는지를 되묻지 않을 수 없는 곳도 적지 않다. 게다가 적지 않은 산업단지들이 유력한 정치인들의 정치적 계산에 의하여 조성되었음은 주 지의 사실이다. 그러한 결정들은 지리경제학이 주장하듯이 경로의존성으 로 인하여 경제활동의 분포에 조성 이후에도 지속적으로 영향을 미친다.

앞에서 설명한 영남지방의 산업 집중은 식민지 시대 일본과의 인접성 내지는 일본의 입장에서, 결국은 대동아공영권의 건설을 배경으로 이루어 진 것이다. 그것이 분단되고 중국과의 교역이 단절된 해방 이후 한국 전 체의 관점에서도 여전히 바람직한 것이었는지는 의문이 남는다. 그럼에도 불구하고 그 이후 들어선 정권은 이를 확대하도록 산업단지를 조성하고 수송체계를 심화시킴으로써 경로의존성이 유지되었다.

이는 영남과 호남 간의 과도한 경제활동의 격차로 드러났다. 영남권에 한번 형성된 경제적 집중은 그 이후 호남권에 도로와 철도 등 수송망이 개선되었음에도 불구하고 크게 바뀌지 않는다. 이는 비단 경제 문제일 뿐 아니라 정치 갈등의 요인으로 자리 잡으면서 우리 사회에 크나큰 사회적 비용을 발생시켜왔다. 그렇게 조성된 산업단지마저도 이후의 각종 정치적 고려에 의하여 상당한 지원을 받았음에도 불구하고 일부가 비어가고 있 는 현실은 합리적인 기준에 의한 산업입지의 조성이 얼마나 중요한가를 잘 보여준다.

둘째, 지리경제학은 수송망 체계 건설에 있어서 합리적 기준을 제공한다. 최근 영남권 신공항을 둘러싸고 벌어졌던 대구권과 부산권의 갈등은 수송망 체계의 확보와 그에 따른 수송비 절감이 가져다주는 경제적 이득이 얼마나 큰지를 보여주는 동시에, 공항 입지의 선택조차 합리적 기준이 없을 경우 사회적 비용이 크다는 것을 잘 보여준다. 공항 건설에 따른 개별 지역 수준의 비용편익 분석만으로는 당사자들의 이해관계 상충을 제대로 조정하기 어렵다.

이보다는 국민경제 전체의 관점에서 이러한 수송망의 건설이 경제활동의 분포에 미칠 영향을 고려하고, 그 결과 초래될 경제활동의 집중이 바람직한 것인가 라는 관점에서 접근할 필요가 있다. 이러한 접근을 통하여 국가경제의 관점에서 최적의 수송망 입지를 선정하고 이해당사자들을 설득함으로써 불필요한 사회적 비용을 줄일 수 있다.

셋째, 지리경제학은 통일 후 북한의 산업입지를 결정할 때 기준으로 삼을 수 있다. 지리경제학은 어떠한 경우 경제활동의 집중이 발생하는가를 잘 설명하고 있으며, 한번 경제적 집중이 발생하면 경로의존성에 의하여 지속되는 경향이 있음도 말하고 있다. 산업입지를 결정하는 기준으로서 이보다 나은 이론은 아직 없다.

그간 남한에서 정치적 고려에 의한 입지 결정이 초래한 폐해가 새로운 땅에서 다시 되풀이되지 않도록 하기 위해서도 합리적인 기준이 필요하다. 게다가 북한에 산업단지를 조성할 경우 남한의 일정한 지역이 경제활동의 분포의 변화로 인하여 손해를 감수할 수밖에 없을 수도 있다. 그러한 손실과 그에 따른 사회적 비용을 최소화하는 데에도 정치적 이유가 지리경제학적 판단에 의한 합리적 기준보다 나을 수 없다.

넷째, 우리 실생활 속에서 쉽게 적용할 수 있다. 미시경제학이나 거시경제학과 같은 학문은 많은 수학적 모형과 복잡한 통계기법을 통하여 학습하지만, 일반인들이 현실 문제를 해결하는 데는 써 먹을 곳이 별로 없다. 그것을 적용하기에는 모형 자체에 존재하는 여러 가지 가정을 비롯하여 고려해야 할 변수가 너무 많기 때문이다.

반면 지리경제학은 현실의 삶 속에서 비교적 간편하게 적용할 수 있다. 공급에서 존재하는 규모의 경제와, 공급자들이 많아지게 되면 그들의 소득에 의하여 자연히 커지게 되어서 공급과 순환적 관계에 있는 수요, 그리고 수요와 공급 간을 연결하는 수송비의 정도에 따라서 경제활동의 집중이 발생하고, 수송비는 그 자체에 규모의 경제가 작용할 뿐 아니라 일단 형성된 경제활동의 집중은 경로의존성으로 인하여 지속되는 경향이 있다는 사실을 통하여 현실적인 판단을 할 수 있기 때문이다. 특히 역세권 효과를 고려하여 집을 구하거나 사업을 위하여 사무실이나 가게의 입지를 고를 때에도 간편하게 활용 가능하다.

일러두기

소괄호 ( ), 꺾쇠괄호 [ ]의 범례

- 본문의 소괄호는 원저서의 소괄호에 해당한다.

- 인명, 지명, 용어 및 번역상의 오해를 불러일으킬 수 있는 단어의 경우 중요성을 감안하여 소괄호 안에 원어를 병기한다.

- 마셜(Marshall 1920)과 같은 경우의 소괄호는 저서를 표시한다. 소괄호 안의 저자 원문명과 저서의 발간연대로 부록에 수록한 참고문헌에서 해당 저서명을 확인할 수 있다.

- 본문의 꺾쇠괄호는 원저서에는 없지만 독자의 이해도를 높이기 위하여 역해자가 추가한 부분으로 별도로 '역해자 주'라고 표시하지 않았다.

- 본문에서 괄호로 묶은 고딕체 작은 글씨 부분은 역해자 주석에 해당한다.

주석과 참고문헌

- 본문의 각주는 원저서의 각주에 해당된다.

- 해설의 주석이나 역해자 주석에서 인용된 문헌은 해당 주석에 직접 표시하였으며, 별도의 참고문헌을 달지 않았다.

기타

- 굵게 표시한 글자는 일상적인 용어가 다르게 쓰이는 경우에 해당된다.

- 본문에서 작은 글씨로 표현된 문단은 원저자가 다른 글을 인용하면서 작은 글씨로 표현한 데 따른 것이다.

1장

중심과 주변

나는 그동안 국제경제학자로서의 내 직업적 삶을 경제지리학에 대하여 생각하고 쓰면서 살아 왔음을 1년 전쯤에야 문득 깨달았다.

　　나는 경제지리학을 '공간에서의 생산 입지'라는 의미로 사용한다. 즉 상호관련성 속에서 일들이 발생하는 장소에 관하여 탐구하는 경제학의 한 분야라는 의미이다. 나의 주제를 그것 이상으로 보다 정확하게 정의하고자 시도할 필요는 없다 ─ 일단 내가 모형들을 설명하기 시작하면 내가 의미하는 바를 더 잘 알게 될 것이다. 대부분의 지역경제학과 도시경제학의 일부는 내가 생각하는 대로의 경제지리학에 관한 것이다.

　　국제무역이론에 대하여 생각해본 적이 없다면, 국제경제학은 대체로 경제지리학의 특수한 경우, 즉 국경과 주권 정부가 생산의 입지를 형성하는 데 특수한 역할을 수행하는 하나의 특수한 경우로 간주된다고 생각할 수도 있다. 내가 이 강연에서 주장하고자 하는 바는, 그것이야말로 국제경제학이 적어도 얼마만큼은 그렇게 되어야 할 방식이라는 점이다. 그러나 그것은 현재 행해지는 방식은 아니다. 국제무역 분석은 경제지리학이나 입지이론으로부터의 통찰을 실질적으로 사용하지 않는다. 우리는 통상 국가들을 무차원의(dimensionless) 점들로 모형화하는데, 그 점들 안에서 생산요소는 즉각적이고 무비용으로 하나의 공정으로부터 다른 하나의 공정으로 이동할 수 있으며, 국가 간의 무역은 일종의 공간이 없는 표상으로 나타나는데 거기서 수송비용은 교역 가능한 모든 재화에 대하여 제로이다.

가정을 단순화하는 것에 잘못은 없다 — 오히려 실제 세상의 복잡다단함을 어느 정도라도 이해할 수 있는 것은 전략적 단순화(가정을 통하여 복잡한 현실에서 핵심적 요소들을 끄집어내고 그들 간의 구조와 관계를 간략하게 파악해 봄으로써 현실을 보다 쉽게 이해하려는 방식으로서 모형화도 그러한 방식의 하나임. ; 역해자 주) 덕분이다. 전통적 무역이론의 특수한 단순화 가정을 통해 매우 인상적이고 유용한 지적구조에 도달할 수 있다.(전통적 무역이론에서는 국가들을 무차원의 점들로 보고 재화 이동에 수송비용이 들지 않는다는 가정 아래 국가 간 무역은 생산성의 차이나 생산요소 부존도의 차이에 따른 비교우위에 의하여 발생한다고 본다. ; 역해자 주) 특정 목적을 위해서는 국가들이 점들이 아니며 몇몇 국가쌍들은 다른 국가쌍들보다 훨씬 가깝다는 사실(유럽경제공동체의 어떤 장소와 여타 장소 간의 거리보다 캘리포니아와 뉴욕 간의 거리가 더 멀다거나 또는 런던과 파리가 뉴욕과 시카고보다 훨씬 가깝다든가 또는 캐나다의 지역들은 보통 캐나다의 다른 지역보다 미국에 가깝다는 사실)을 무시해도 해가 되지 않는다.

그러나 국제경제학자가 국가들이 공간을 차지하고 있고 공간 위에 존재한다는 사실에 눈을 감아버리는 경향 — 매우 깊게 빠져 있어서 그렇게 하고 있다고 심지어 인식조차 못하는 그러한 경향 — 은 일부 심각한 희생을 초래하였다. 그 희생은 사실성의 부재에 있다기보다는 — 모든 경제 분석이 다소 비현실적이다 — 중요한 이슈들과 무엇보다도 증거의 중요한 원천들을 배제하는 데 있다. 국제경제의 움직임을 이해하는 최고의 방식 중 하나는, 먼저 '국가들 내부'에서 무엇이 일어나고 있는가를 살피는 데 있다. 우리가 국가들의 성장률 차이를 이해하는 데 좋은 출발점은 지역들의 성장률 차이를 살피는 것이다. [국제적으로 특정 국가에 특정 산업이 집중하는 현상인] 국제특화(international specialization)를 이해하는 데 좋은 출발점은 [한 나라의 특정 지역에 특정 산업이 집중하는 현상인] 지역특화(local specialization)를 살피는 것이다. 자료가 더 좋아지고 비교가능성의 문제를 줄이며, 따라서 '기초적인 경제적 요인들'(이자율, 물가상승률 및 고용률 등과 같이 경제성과에 영향을 미치는 핵심 요소들 ; 역해자 주)이 정부 정책에 의하여 덜 왜곡되게 된다.

국제경제학자들이 스스로 지리학을 하고 있다는 사실을 무시하는 경향은, 누군가가 국가들 내부에서의 지역화(localization)와 무역에 대해 연구하고 있고 그로부터 파생될 수 있는 사실과 통찰력을 탐구하는 한 문제가 되지 않는다. 그러나 불행하게도 그러한 사람은 없다. 물론 이는 공정한 발언이 아니다. 지리적 이슈들에 대하여 고민하는 도시 및 지역 경제학자들도 있고 뛰어난 경제지리학자들도 외부에 있기 때문이다. 그러나 이들은 경제학계에서 거의 주변부이다. 그 이유는 내가 잠시 후 논의할 것이다. 국제경제학은 중심 분야이다. 즉 최소한 한 사람의 국제무역 전문가 없이는, 그리고 국제경제학을 대학원생의 과목으로 개설하지 않고서는 어떤 경제학과도 제대로 꾸려가기 어렵다. 반면 지역경제학, 심지어 도시경제학조차 훨씬 중요성이 덜한 것으로 취급받는다. 주류 경제지리학자들은 경제학과에서 거의 찾기 어렵다. 그들은 기껏해야 도시학과, 보다 빈번하게는 지리학과에 있다. 그들은 탁월한 작업을 하지만 그것은 경제학 분야에 영향을 미치지 못한다.

왜 이런 일이 발생하는지 합당한 이유들이 있으며, 왜 그것이 바뀌어야 하는지에 대해서도 합당한 이유들이 있다. 내 생각을 말하기에 앞서 국제경제학자들이 왜 자신들이 지리학을 하고 있음을 인정하지 않는가 그리고 왜 인정해야 하는가에 대하여 간략히 말하고자 한다.

01
지리
: 왜 그렇지 않은가
그리고 왜 그러해야 하나

    경제학에서 공간 이슈들을 무시하는 일은, 대체로 시장구조를 어떻게 생각하는가 라는 단순한 문제로부터 발생한다. 경제활동의 공간내 입지에 대한 유용하고 흥미로운 어떤 것을 말하려면, 대부분의 경제 분석을 지배하는 수확불변(생산 규모가 증가함에 따라 단위당 평균비용이 일정함. ; 역해자 주), 완전경쟁(시장에 무수히 많은 수요자와 공급자가 있어서 재화는 동질적이며 가격은 일정한 수준에서 주어진 것으로 간주되는 경쟁 상태 ; 역해자 주)접근법으로부터 벗어날 필요가 있다. 경제학자들이 수확체증(생산 규모가 증가함에 따라 단위당 평균 비용이 감소함. ; 역해자 주)과 불완전경쟁(완전경쟁에 대립되는 개념으로서 시장에 수요자와 공급자가 무한히 많지 않고 재화도 동질적이지 않으며 가격 또한 일정하게 유지된다고 볼 수 없는 경쟁 상태 ; 역해자 주)을 철저하게 연구할 분석도구가 없었기 때문에 경제지리학은 경제학계의 주류에서 벗어나는 처지에 있었다. 사실 경제학에서 엄정성의 기준이 오랜 기간에 걸쳐 높아지면서 입지 연구는 지적 변방으로 점점 더 멀어져 갔다.[1]

    모든 경제지리학의 학도들이 이를 이해한 것은 아니다. 특히 산업 입지(industrial location)에 관한 대부분의 문헌들은 시장구조의 이슈를 무시하고 시장의 모형화 문제에 관심을 거의 두지 않은 채, 대신 기하 —

즉 이상화된 지평 위에 있는 시장 영역들의 형태나 시장과 자원이 주어진 상황에서의 설비의 최적 입지 — 에 빠져버렸다. 내가 보기에 이것은 일을 잘못된 순서로 하는 것으로, 주요 이슈에 대하여 진전을 이루기 전에 이차적인 문제의 세부 사항을 우려하는 것이다.

한발 뒤로 물러나서 물어보자. 경제활동의 지리학(geography of economic activity)에서 가장 현저한 특징은 무엇인가? 간략히 말하면 집중이다. 미국을 생각해보자. 이 방대하고 비옥한 땅에서 대부분 인구는 양 해안과 오대호 유역에 살고 있다. 이러한 벨트 안에서 사람들은 한줌에 불과한 상대적으로 조밀하게 인구가 밀집한 도시 지역에 더욱 집중되어 있다. 내가 다음 강연에서 입증하겠지만, 이 도시 지역은 고도로 특화되어 있으며 그 결과 다수 산업의 생산은 공간적으로 현저하게 집중되어 있다.

이러한 생산의 지리적 집중은 일종의 수확체증의 영향이 만연해 있음을 보여주는 명백한 증거이다. 그리고 여기에 문제가 있다. 수확체증은 수확불변이나 수확체감보다 모형화하기가 정말 어렵다. 수확체증이 기업들에 순수하게 외부적이라면, 우리는 경쟁적 분석의 도구들을 여전히 사용할 수 있다. (정보나 기술의 파급 효과와 같이 기업 외부에서 발생하는 외부 규모의 경제에 해당

---

1) 하나의 주요한 예외는 도시경제학이다. 거기에는 많은 실증연구에 영향을 미치는 강력한 모형화 전통이 있다. 헨더슨(Henderson 1974, 1988)은 특히 도시체계의 진화를 분석하는 데 매우 설득력 있는 틀을 개발하고, 이를 지원하는 광범위한 실증적 증거를 제공하였다. 반면 국제경제학은 이러한 일련의 작업들을 대체로 무시하거나 인식하지 않았다고 말하는 것이 타당하다.

하는 경우로, 정보나 기술은 해당 산업 내 어느 기업이나 활용하면 규모에 상관없이 수확체증이 작용하므로 완전경쟁 모형이 작동 가능함. 상세한 내용은 Steven Brakman, Harry Garresten, Charles van Marrewijk, *The New Introduction to Geographical Economics*, 2009, pp.38~40 참조 ; 역해자 주) 그러나 외부경제는 분석상 어색하고 아울러 실증적으로 찾기 어려운 것으로 드러난다. 만약 수확체증이 기업들에 내부적이라면 [기업 규모에 따라 수확체증이 다르게 작용하므로] 우리는 불완전경쟁을 모형화할 필요성에 직면하게 된다.

경제학은 최소한의 수학적 저항선을 따르는 경향이 있다. 우리는 모형화하는 방식을 알지 못하는 요인들이 아니라 우리가 모형화하는 방식을 아는 요인들로 세상을 설명하기를 원한다. 국제경제학에서 이것이 의미한 바는, 리카아도부터 1980년대까지 무역의 설명 인자로서 수확체증보다는 비교우위에 대해 거의 배타적으로 강조해왔다는 점이다.[2] 중요한 것은, 비교우위는 손쉽게 접근 가능한 수단이었던 수확불변과 경쟁을 가정한 모형들을 이용하여 쉽게 모형화할 수 있었다는 점이다. 전문가들은 그런 방식으로 모형화할 수 없는 국제무역의 측면들을 그저 한쪽에 밀어 놓기만 하였다.

---

2) 정의에 대한 염려를 줄이기 위해 설명하자면, 나는 비교우위의 의미를 각국이 자신들의 차이를 이용하기 위하여 무역을 한다는 일반적 생각으로 본다. 수확체증 접근은 그 대신 각국이, 심지어 초기에 [자원과 기술에서] 유사한 국가 간에도 특화에 대한 내재적 우위가 있기 때문에 무역을 한다고 주장한다.

불행하게도 경제지리학에서 수확체증의 중요성은 매우 커서, 우리가 다루는 방법을 알고 있는 것에 초점을 맞추려는 충동은 그 주제 전체를 회피하게 만들었다. 특히 1940년 이후 경제적 논의에서 엄정성 기준이 꾸준히 높아짐에 따라 경제지리학은 수면 밑으로 잠기게 되었다.

그러나 시대가 변했다. 1970년대에 산업조직론의 새로운 이론의 흐름이 나타나고, 이것이 경제학계에 불완전경쟁이라는 모형들의 메뉴를 제공하였다. 이 모형들 중 어떤 것도 완벽하지는 않았지만, 그것들은 수확체증에 직면하는 경제에 대한 논리적이고 엄정하며 우아한 모형을 만들 수 있도록 하는 데 기여하였다. 따라서 수확체증은 더 이상 회피되거나 어떤 수를 써서라도 없는 것으로 가정할 수 없는 것이 되었다. 이러한 이론의 혁명이 가져온 새로운 지적 기회들은 차례로 일련의 다른 영역들을 변환시켰다.

국제경제학에서 지난 10년은 (1980년대 ; 역해자 주) 무역의 상당 부분이 생산요소 (전통적 무역이론인 헥셔오린 모형은 생산요소의 국가 간 부존도 차이가 무역 발생의 요인이라고 봄. ; 역해자 주) 나 생산성 (전통적 무역이론인 리카아도 모형은 생산성의 국가 간 차이가 무역 발생의 요인이라고 봄. ; 역해자 주) 의 외생적 차이를 활용하려는 노력보다는 수확체증에 기초한 임의적 특화(같은 종류의 재화라도 조금씩 차별화되기 마련이며 그러한 차별화된 재화에서는 불완전경쟁이 작용하는 가운데 규모의 경제에 따른 무역이 발생하는데, 이때 어느 나라가 어떤 재화를 수출할 것인가 하는 무역의 패턴, 즉 국가별 특화는 비교우위론에서와 같이 일정한 방향으로 이루어지는 것이 아니라는 의미에서 임의적임. ; 역해자 주)를 반영한다는 새로운 관점이 출현하면서 실질적으로 완전한 재사고가 등장한 시기였다.[3] 보다 최근에는 지속성장이 수확체증의 존재로부터 발생할지도 모른다는 아이디어를 성장이론가들이 재도입하였고, '빅 푸시'(big push) (한 나라가 발전하지 못하는 것은 시장 규모가 작기 때문인데, 이를 해결하기 위해서는 정부가 투자 확대 등을 통하여 주도적으로 시장규모 확대에 나서야 하며, 이를 통해 기업들도 생산을 확대할 수 있게 됨에 따라 국가 전체적으로 생산이 증대됨(big-push)으로써 수확체증의 이득을 얻게 된다는 주장임. Rosenstein-Rodan, P, "Problems of industrialization in eastern and southern europe", *Economic Journal*, 53, 1943, pp.202~211 참조 ; 역해자 주)와 같은 낡은 개념이 다시 존중을 받게 되었다.[4] 최근에는 일부 거시경제학자들이 경기순환에서 수확체증이 핵심적 역할을 수행한다고 주장하였다.[5]

나는 경제지리학을 경제학의 주요 분야로 다시 부활시키기 위하여 그와 같은 새로운 도구들을 이용해야 할 시기가 왔다고 믿는다. 수확체증을 모형화할 필요성이 한 분야를 건드릴 수 없는 것으로 만든다는 것은 더이상 사실이 아니다. 대신 수확체증은 적어도 당분간 실제로 유행이 될 것이다. 그리고 이제 공간이 중요하다는 것을 자인하고 지리를 경제 분석에 다시 가져오도록 노력할 수 있게 되었다.

경제지리학 연구를 시작하는 것이 특히 중요한 세 가지 이유가 있다. 첫째, 국가들 내부에서 경제활동의 입지는 그 자체로서 매우 중요한 과제

---

3) 신국제경제학의 대부분의 개념들에 대한 서베이는 Helpman and Krugman 1985 참조
4) 특히 Romer 1986, 1987, 1990 그리고 Murphy, Schleifer and Vishny 1989a 참조
5) Hall 1989 그리고 또한 Murphy, Schleifer and Vishny 1989b 참조

이다. 분명히 미국과 같은 대국에서는 지역들 간의 생산의 배치는 국제무역만큼 중요한 이슈이며, 경제학자들의 더 많은 시간을 빼앗는 많은 이슈들보다 중요하다.(그 후보자들을 마음속에 가지고 있지만 그것들이 무엇인지 밝히지 않을 것이다. 나는 다음 30년을 이 [중요하지 않은 이슈를 연구하는 데 시간을 쓰는] 이 사람들과 함께 살아가야 한다.)

둘째, 국제경제학과 지역경제학 간의 경계들은 몇몇 중요한 경우에 흐릿해지고 있다. 1992년 유럽을 보면 간단하다. 유럽이 통합시장이 되어 자본과 노동의 자유 이동이 가능해짐에 따라 국제무역의 표준 패러다임의 관점에서 그 구성 국가들 간의 관계를 보는 것은 점점 의미가 없어지게 되었다. 대신 이슈는 지역경제학의 것들로 되고 있다 ― 그리고 그때가 되면 제시할 흥미 있는 지역경제학을 우리가 실제로 갖고 있다면 도움이 될 것이다.

그러나 내가 경제지리학으로 다시 눈을 돌리는 가장 중요한 이유는, 경제지리학이 제공하는 지적이고 실증적인 실험실 같은 역할 때문이다. 지난 10년의 '신' 무역, 성장 그리고 경기순환 이론들은 1980년 이전 이론과는 매우 다른 경제학의 세계관을 제시하였다. 만연한 수확체증과 불완전경쟁, 모든 곳에서의 다중균형, 역사, 우연 그리고 아마도 순진한 자기완결적 예언(self-fulfilling prophecy), 이런 것들은 현재 유행인 아이디어들이다. 그러나 무역, 성장 그리고 경기순환으로부터 이것이야말로 세상이 실제로 작동하는 방식이라는 강력한 증거를 만들어내는 일은 매우 힘들다.

적어도 나는 국제특화에는 강력한 임의적이고 우연적인 요소가 있음을 확신한다. 그러나 모든 이가 동의하지는 않으며 자료의 한계가 결정적 검증을 어렵게 한다. 폴 로머(Paul Romer)는 지속적 성장을 설명하는 데 수확체증이 큰 역할을 수행한다고 확신한다. 그러나 모든 이가 동의하는 것은 아니며 나도 불가지론자이다. 로버트 홀(Robert Hall)은 수확체증이 경기순환에서 결정적 역할을 수행한다고 생각한다.(그는 한 도시와 하나의 호황기는 본질적으로 동일한 것이라고 주장한다 — 하나는 공간에서, 하나는 시간에서) 그러나 모든 이가 동의하지는 않으며 나도 이것이 흥미롭기는 하지만 전적으로 믿기는 어렵다고 생각한다.

그러나 국가들 내에서의 생산입지로 시선을 돌려 보면, 니콜라스 칼도어(Nicholas Kaldor 1972)가 명명한 '균형경제학의 부적절성'이 훨씬 더 설득력 있다. 역사와 우연이 생산 입지에 던진 오랜 그림자가, 가장 작은 것에서 가장 큰 것에 이르기까지 — 인디애나 주의 작은 도시 엘크하트(Elkhart)에 미국 대부분의 관악기 제조업자들이 집중되어 있는 것으로부터 미국 인구의 3분의 1이 원래의 열세 개 식민주 내에 거주하고 있다는 사실에 이르기까지 — 모든 규모에서 명백하다. 역사에 대한 이러한 명백한 의존성은 확보할 수 있는 가장 설득력 있는 증거이며, 우리는 표준적인 수확불변의 모형보다는 누적적 과정이 주도한 동태적 세계라는 칼도어의 비전에 보다 가까운 경제에 살고 있다.

이 강연에서 내가 하고자 하는 것은, 그 자체로서 한 분야이자 우리가 사는 세계가 어떠한 종류의 것인지를 파악하는 한 방식으로서 경제지리학의 중요성을 처음으로 설명하는 일이다. 특히 두 가지를 보여주고자 한다. 먼저 수확체증이 사실상 경제에 전반적인 영향을 미친다는 점과, 이러한 수확체증이 '실제 경제들의 지리'를 결정함에 있어서 역사에 매우 결정적인 역할을 부여한다는 점이다.

나는 수확체증이 여러 규모에서 경제지리학에 영향을 미친다는 점을 이미 밝힌 바 있다. 그 규모의 하층에서는 특정 산업들의 입지—디트로이트의 자동차, 실리콘밸리의 칩—가 이행적 우위(transitory advantages)의 잠금(locking-in) (어떤 산업에 특화되어 있는 지역이 시간의 경과에도 불구하고 초기의 상태가 유지되는 현상. 즉 각각 자동차와 칩에 특화되어 있는 디트로이트나 실리콘밸리가 시간이 경과함에도 불구하고 여전히 그러한 특화 지역으로 남아 있는 현상을 말함. ; 역해자 주)을 종종 반영한다는 사실이 명백하다. 중간 수준에서는 도시들의 존재 자체가 하나의 수확체증 현상임이 명백하다. (도시는 사람들이 많이 모이는 곳인데, 이러한 도시들이 존재한다는 것은 사람들이 모일수록 이득이 되는 어떠한 요인, 즉 수확체증이 존재함을 의미하기 때문임. ; 역해자 주) 대규모 수준에서는 모든 지역들(미국에서 어떤 지역들은 유럽의 일부 국가들보다 더욱 크다)의 불균등 발전이 그 뿌리에 수확체증을 갖는 누적적 과정에 의하여 추동될 수 있다.

이 강연에서는 도시화(urbanization) (외부 규모의 경제 효과의 하나로서 특정 지역, 특히 도시에 다양한 제조업과 서비스업들이 함께 입지하여 규모의 경제 효과를 발휘함으로써 그 결과 도시가 확대되는 현상을 의미하며, 이를 주창한 Jane Jacobs의 이름을 따라 '제이콥스 외부성'이라고도 함. 한 산업이 특정 지역에 집중함으로써 외부 규모의 경제 효과를 발휘하는 지역화와 대비되는 개념임. ; 역해자 주)문제를 상대적으로 가볍게 다루고 넘어가고자 한다. 그것은 내가 다루게 될 다른 이슈보다 더욱 많이 연구되어 왔으며(도시경제학은 경제지리학보다 더 잘 받아들여진 분야이다.) 또한 나의 궁극적 관심사인 국제무역의 다른 측면보다 덜 관련이 있다. 따라서 나는 소규모와 대규모, 즉 특정 산업들의 지역화와 대규모 지역들의 차별화된 발전과 같은 데 초점을 맞출 것이다. 오늘은 대규모에, 다음 강연은 소규모에 대하여 살펴본다.

분기하는(divergent) 지역 발전이라는 주제를 소개하기 위하여 나는 경제지리학 요인들의 명백한 사례를 제공하고자 경제사에 의거할 것이다. 그리고 그러한 사례를 이해하는 데 도움이 되는 단순모형을 제시하고자 한다. 그 사례는 미국의 '제조업 벨트'의 경우이다. 제조업 벨트는 상대적으로 좁은 영역으로서 다수의 미국 제조업이 19세기 중엽부터 1960년대까지 집중되었다. 모형에서는 수요의 상호작용, 수확체증 그리고 수송비용이 [지역 간에 생산이 집중되는 지역과 그렇지 않은 지역으로 나뉘어가는] 지역적 분기(regional divergence)의 누적적 과정을 주도한다.

02
미국 제조업 벨트 사례

20세기 초 지리학자들은 미국 제조업의 대부분이 북동부와 중서부 동쪽의 상대적으로 매우 작은 지역 — 대략적으로 말하면 그린베이(Green Bay)-세인트루이스(St. Louis)-볼티모어(Baltimore)-포트랜드(Portland)를 잇는 근사적 평행사변형의 안쪽 〈그림 1.1〉 — 에 집중되어 있음에 주목하였다. 이 '제조업 벨트'[6]는 19세기 후반에 형성되어 지속된 것으로 드러났다. 펄로프(Perloff, 1960)는 1957년에도 이 벨트가 여전히 미국 제조업의 64%를 차지하고 있다고 추정하였다 — 이는 20세기로 접어들 당시의 비중인 74%에서 조금 하락한 것이다.

심지어 이 숫자조차 이 지역의 제조업 우위를 과소평가하게 만드는데,

---

6) 이 용어는 드기어(DeGeer 1927)가 처음 사용하였다. 이 벨트는 유일무이한 것도 아니고 그것을 만든 요인들이 국경에 한정되지도 않는다. 온타리오(Ontario)의 일부에 집중한 캐나다의 산업지역은 본질적으로 미국 제조업 벨트의 일부이다. 유럽 대륙은 루르(Ruhr), 북프랑스 및 벨기에를 포함하는 제조업 삼각지가 있는데, 이는 미국 벨트와 가까운 친척이라 할 수 있다.

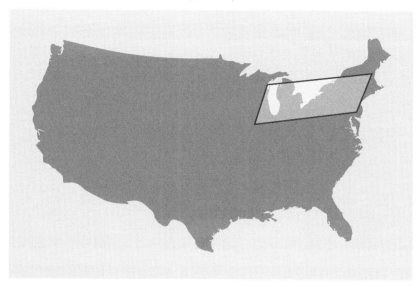

왜냐하면 이 벨트의 전성기에 이 지역 밖의 대부분의 제조업은 1차 산물의 가공이나 매우 국지적인 시장에 대한 생산물이었기 때문이다. 제조업 벨트는 소비자에게 매우 가까워야 할 필요성 또는 천연자원의 산지에 매우 인접하여 그것을 이용할 필요성에 의하여 다른 입지에 결박되지 않는, 즉 '매이지 않는' 모든 제조업을 포괄하였다.

왜 제조업 벨트는 그렇게 오랫동안 지배적인 역할을 수행하였는가? 이는 명백히 천연자원의 지속적 우위 때문은 아니다. 제조업 벨트는 농업 및 광업 생산의 중력축이 서쪽으로 이동한 이후에도 존속하였다. 1870년 북동부 및 동중북부 지역들(Northeast and East North Central regions) — 그 내부에 신흥 제조업 벨트가 위치한다 — 은 미국 '천연자원 추출' 고용(농업, 광업, 삼림, 어업)의 44%를 차지하였다. 1910년에 이 비중은 이미 27%로 하락하였다. 그러나 이 지역들은 여전히 제조업 고용의 70%를 차지하였다.

제조업 벨트의 제조업 고용 비중이 자신의 제조업 우위를 과소평가하는 반면, 그 천연자원 고용 비중은 천연자원 기반을 과대평가한다. 그 이유는 제조업 벨트 내에서 혹은 인근에서 발생한 농업의 대부분은 그 외부에서 발생한 것과 완전히 달랐기 때문이다. 그것은 주로 원교 농업(truck farming)(대도시로부터 먼 곳에서 대도시의 수요에 부응하여 채소, 화훼 및 과일 등을 재배하여 트럭이나 기차로 생산물을 대도시의 시장에 출하하는 원예농업으로서, 도시 인근에서 소규모로 이루어지는 근교농업 market garden에 비하여 규모가 크고 상업적 성격이 강한 편임. ; 역해자 주)과 낙농업으로 구성되었는데, 이들은 토지의 적합성 때문이라기보다는 도시 중심에 대한 접근성 때문에 존재하였다. 달리 말하면 제조업 벨트가 존재하지 않았다면 북동부와 오대호 지역(Great Lakes areas)은 농업 고용 비중이 훨씬 적었을 것이다.

매카시(H. H. McCarthy)는 벨트의 전성기에 대하여 쓰면서 지역들 간의 분기를 직설적으로 요약하였다. "제조업 벨트 외부에서는 도시들이 농장을 서브하기 위하여 존재하고, 벨트 안에서는 농장이 도시들을 서브하기 위하여 존재한다."

광물자원과 관련해 제조업 벨트는 원래 핵심 원료의 일부를 근처의 석탄광산과 유정으로부터 채취하였다. 그러나 20세기 중엽에는 이미 제조업 벨트를 위한 원료의 대부분이 여타 지역으로부터 수입되었다.

그러면 왜 미국 제조업의 대부분은 이 상대적으로 좁은 땅덩어리 안에 머물렀는가? 넓은 의미에서 대답은 물론 명백하다. 즉 개별 제조업 설비는 여타 제조업자와의 근접성 이득 때문에 제조업 벨트 내에 머물렀다. 그리고 제조업자들이 함께 클러스터화하고자 하는 분명한 유인이, 미국의 1차 산업 생산의 대부분이 여타 지역으로 이동한 이후에도 제조업 벨트가 존속하는 이유를 설명해준다. 제조업 벨트가 일단 조성된 후에는 어떠한 개별 생산자도 그 밖으로 이동하는 것이 이득이 되지 않았다.

왜 이러한 지리적 집중이 먼저 형성되었는가 — 내가 아래에서 되돌아가게 될 역사적 세부사항에 대한 질문 — 를 물을 수 있다. 그러나 먼저 나는 보다 근본적인 질문 — 즉 제조업자들로 하여금 함께 클러스터화하고자 원하도록 만드는 요인은 무엇인가 — 을 제기하고자 한다. 나는 지리적 집중이 수요의 외부성의 결과로 나타나는 단순 모형을 간단히 설명할 것이다. 이것이 모든 이야기를 담아내지는 않지만 필요한 설명을 이끌어낸다.

03
지리적 집중 모형

내가 여기에서 제안할 지리적 집중의 기본적 줄거리는 [공급 요인으로서] 수확체증, [공급과 수요를 연계하는] 수송비 및 수요 간의 상호작용에 기초한다.[7] 충분히 강력한 규모의 경제가 있다면, 각 제조업자들은 하나의 입지에서 국가시장에 공급하고자 한다. 수송비를 최소화하기 위하여 대규모 지역수요가 있는 입지를 선택하고자 한다. 그러나 지역수요는 제조업자의 대다수가 입지하고자 하는 바로 그곳에서 크게 마련이다. 따라서 일단 하나의 제조업 벨트가 형성되면 그 벨트가 유지되도록 하려는 순환성이 존재한다.[8]

---

7) 이 강연은 하나의 모형에 대한 하나의 스케치만을 나타낸다. 이 스케치는 제조업의 시장 구조는 무엇인가, 이윤은 있다면 어떻게 되는가 그리고 고정비용과 수송비 모두에서 이용되는 자원은 무엇인가를 포함한 몇 가지 이슈들에 대하여 대략적이다. 완전히 명시화된 일반균형 독점적 경쟁모형에서 유사한 결론을 도출하는 것이 가능하다. 그러한 모형은 《부록 A》에 나타나 있다. 나는 여기서 쉽게 보여주고자 보다 임기응변식으로 접근한다.

동쪽과 서쪽의 오직 두 개 생산입지만이 존재하고 [농산물과 공산품의] 두 가지 생산물이 있는 나라를 생각해보자. 농산물은 입지 고유 요소(토지)를 이용하여 생산되고, 그 결과 농업 인구는 외생적으로 양쪽 입지에 배분된다. 당분간 배분은 50 : 50이라고 가정하자.

공산품(다수의 '대칭적 종류'(같은 재화이지만 경쟁적 관계에 있는 다소 차별화된 종류의 제품. 예를 들면 자동차의 경우 배기량과 디자인 및 브랜드의 차이에 따라 다양한 제품이 존재함. : 역해자 주)들이 존재하는)은 한쪽 혹은 양쪽 입지에서 생산될 수 있다. 어느 공산품이 오직 한쪽 입지에서만 생산된다고 가정하면, 다른 시장에 공급되기 위해서는 수송비가 발생하기 마련이다. 반면 그 재화가 양쪽 입지에서 생산된다면, 추가적인 고정 설치비용이 발생한다. 각 입지의 제조업 노동력은 그 입지의 제조업 생산에 비례한다. 마지막으로 각 입지의 공산품에 대한 수요는 해당 입지 인구에 정확히 비례한다고 가정하자.

기본 아이디어는 간단한 숫자 사례로 표시될 수 있다. 일국의 총노동력의 60%는 농부이고 동쪽과 서쪽에 균등하게 분포되어 있다고 가정하자. 또한 전형적 공산품에 대한 총수요는 [각 지역의 인구에 비례하여 수요되는] 10단위라고 가정하자. 만약 모든 제조업이 한쪽에 입지한다면 그

---

8) 이 모형에서 나는 국제적으로 교역되는 재화의 생산 입지를 결정하는 데 있어서 수요의 역할을 강조한다. 대안적 접근은 화이니(Faini 1984)처럼 비교역재 생산에서 수확체증의 역할을 강조하게 될 것이다. 결국 이러한 접근들에 대한 결정은 실증적 문제가 되어야 하지만 현재로서는 취향의 문제이다.

입지는 7단위(해당 입지 농부의 3단위 + 제조업 노동자 수요 4단위)를 수요하고, 다른 입지는 3단위를 수요한다. 만약 제조업이 양쪽에 고르게 분포되어 있다면 각 입지는 각각 5단위를 수요할 것이다.

무슨 일이 생기는가를 보기 위하여 고정비용과 수송비용을 명시할 필요가 있다. 즉 공장 설비를 개설하는 고정비용이 4단위이고, 단위당 수송비용이 1단위라고 가정하자. 그러면 우리는 〈표 1-1〉에 나타난 상황에 직면한다. 이 표는 모든 여타 기업들의 입지 전략에 따라 전형적 기업에 발생하는 세 가지 입지 전략의 비용을 보여준다. 따라서 모든 여타 제조업이 동쪽에 집중한다고 가정하자. 그러면 우리 기업은 동쪽에서 지역수요 7단위를 갖게 되고 서쪽에서의 지역수요는 단지 3단위가 될 것이다. 만약 동쪽의 단일 설비에서 전국시장에 공급한다면, 고정비용 4단위와 3단위의 수송비를 유발할 것이다. 이는 동일한 고정비용과 7단위의 수송비용의 합(총 11단위)을 갖게 될 서쪽의 설비로부터 전국시장에 공급하는 것보다 덜 들 것이다. 또한 그것은 각각의 지역시장에 공급할 설비를 세우는 것보다 덜 드는데, 이 경우 수송비는 절약되나 고정비용이 두 배인 8단위가 든다. 그러면 이러한 경우에 전형적 기업은 동쪽에서 전국시장을 위해 생산하는 편을 선택할 것이다.

그러나 각 기업이 동쪽에 생산을 집중한다면, 제조업 생산 전체가 동쪽에만 집중된다 — 이는 가정한 바 그대로이다. 따라서 동쪽에의 생산 집중이 균형이다.

그러나 이것이 유일한 균형은 아니다. 나머지 표가 보여주듯이, 만일

〈표 1-1〉 제조업의 입지 이야기

제조업고용 분포		전형적 기업의 생산입지에 따른 비용		
		동쪽	양쪽	서쪽
동쪽만	고정비용	4	8	4
	수송비	3	0	7
	총비용	7	8	11
50:50으로 양쪽	고정비용	4	8	4
	수송비	5	0	5
	총비용	9	8	9
서쪽만	고정비용	4	8	4
	수송비	7	0	3
	총비용	11	8	7

제조업이 서쪽에 집중된다면 각 기업들은 마찬가지로 생산을 서쪽에 집중시키기를 원할 것이다. 생산이 동과 서 양쪽에 분산된다면 각 기업들도 생산을 양쪽에 분산할 것이다. 따라서 사실 모두 세 가지의 생산 분포 — 동쪽에 전부, 서쪽에 전부 그리고 양쪽에 50 : 50으로 양분 — 가 이 사례에서 균형이다.

다중균형의 가능성은 그래프로 볼 수 있다. 〈그림 1-2〉 가로축에는 서쪽에 고용된 제조업 노동자의 비율을, 세로축에는 총인구 중 서쪽 인구의 비율을 표시한다. 선분 *MM*은 인구 분포에 대한 제조업 분포의 의존도를 표현한다. 선분 *PP*는 제조업의 인구 분포에 대한 역 (인구 분포의 제조업 분포에

대한 의존도 : 역해자 주)의 효과를 표현한다.

우선 *PP*부터 시작하자. 이 선분은 제조업 노동력 고용과 총인구 간의 관계를 표현한다. π를 제조업에 종사하는 총인구의 비율로 하고, S_M은 제조업 노동력 중 서쪽에 고용된 비율 그리고 S_N은 총인구 중 서쪽의 비율을 나타낸다고 하자. 서쪽은 농부의 절반의 고향이며, 따라서 서쪽은 인구 비율이 최소한 (1-π)/2이다. 제조업을 더 많이 보유할수록 그 비율은 커진다. (즉 서쪽의 인구 비중 = 서쪽의 농업 노동력 비중 + 서쪽의 제조업 노동력 비중 : 역해자 주)

이는 양(陽)의 기울기를 가지나 기울기는 45도보다 완만하다. (기울기 π는 제조업에 종사하는 인구의 비율이므로 π<1 ; 역해자 주)

$$S_N = \frac{1-\pi}{2} + \pi S_M$$

다음은 *MM*이다. 서쪽에는 인구 비중이 매우 낮다고 가정하자. 그러면 서쪽에 제조업 설비를 설치하는 고정비용을 발생시키는 일이 가치가 없을 것이다. 왜냐하면 동쪽의 설비로 서쪽 시장에 공급하는 것이 값싸기 때문이다. 반대로 서쪽이 인구 비중이 매우 높다면, 동쪽에서 공산품을 생산하는 것이 가치가 없게 된다. 만약 그 고정비용이 수송비용에 비하여 매우 높지 않다면, 인구의 균등한 배분은 제조업자들로 하여금 양쪽 시장에 대하여 지역별로 생산하게 유도할 것이다. 이러한 관찰을 묶어보면 *MM* 선분을 도출하게 된다. 즉 서쪽의 인구가 적으면 서쪽의 생산은 없을 것이고, 중간 수준에서는 인구에 비례하여 생산이 이루어질 것이며, 서쪽의 인

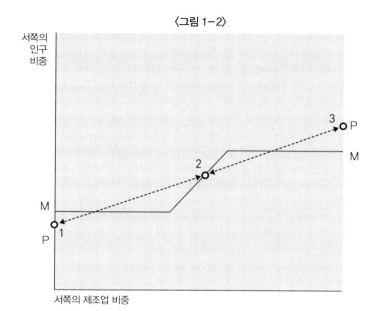

〈그림 1-2〉

구가 충분히 많으면 동쪽에서는 생산이 이루어지지 않을 것이다.

   x는 전형적 제조기업의 매출액이고, F는 지사 공장을 개설하는 데 소요되는 고정비용, t는 동쪽에서 서쪽으로 혹은 그 반대로 한 단위의 공산품을 운송하는 데 소요되는 수송비용이라고 하자. 만약 $S_N xt < F$ (전형적 기업의 매출액 중 서쪽이 차지하는 비중 – 인구에 비례 – 에 수송비를 곱한 것이 고정비용보다 작다면, 즉 서쪽의 소비자들에게 공산품을 수송하는 비용이 서쪽에 공장을 세우는 비용보다 낮다면 : 역해자 주) 인 한에서는 서쪽에 공장을 세우는 것보다 동쪽의 설비에서 서쪽에 공급하는 것이 저렴하다. 만약 $(1-S_N)xt < F$라면 (동쪽의 소비자들에게 공산품을 수송하는 비용이 동쪽에 공장을 세우는 비용보다 낮다면 : 역해자 주) 서쪽에서 동쪽에 공급하는 것이 [동쪽에 공장을 세우는 것보다] 저렴하다. 그리고 둘 다 아닐 경우

$(\frac{F}{tx}<s_N<1-\frac{F}{tx}$인 경우 : 역해자 주) 각 지역에 설비를 갖는 것이 저렴하다. 따라서 고정비용이 수송비용에 비하여 지나치게 높지 않다면[9] 다음과 같이 된다.

$$s_M = 0 \ \text{if} \ s_N < \frac{F}{tx}$$
$$= s_N \ \text{if} \ \frac{F}{tx} < s_N < 1-\frac{F}{tx}$$
$$= 1 \ \text{if} \ 1-\frac{F}{tx} < s_N$$

제조업 생산이 균형 수준에 점진적으로 적응해간다고 가정하자. 균형으로의 동학은 〈그림 1-2〉의 화살표와 같다. 세 개의 안정적 균형점이 있다. 즉 제조업은 점1 또는 점3의 어느 하나의 입지에 집중하거나 또는 점2에서 균등하게 분배될 수 있다. 어느 균형점에 도달할 것인가는 출발점에 따라 다르다. 역사가 중요하다(History matters). (초기에 제조업 생산이 어디에서 주로 이루어졌는가에 따라서 새로 진입하는 기업도 그곳에 입지하고 결국 그곳에 생산이 집중된다는 의미에서 역사가 중요하다. : 역해자 주)

물론 다중균형이 존재할 필요는 없다. 생산의 집중은, 만약 그것이 일어난다면 수요 외부성(demand externality)에 의존한다. 제조업자는 시장이 큰 곳에 입지하기를 원한다. 시장은 제조업자들이 입지하는 곳에서

---

9) 만약 $F > tx/2$이면 (양 지역에 두 개의 공장을 세우는 고정비용이 총수송비용보다 크다면 : 역해자 주)비록 인구가 균등하게 분포되어 있다고 할지라도 단일 공장에서 양 시장에 공급하는 것이 항상 저렴해진다. 이 경우 MM은 단순한 수평선이며, 균등한 제조업 분포를 갖는 균형의 가능성은 사라진다.

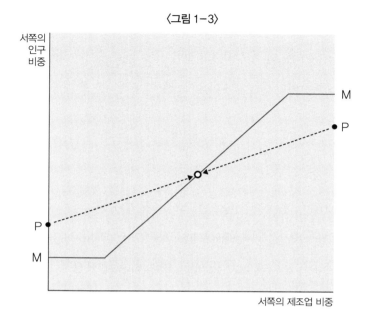

〈그림 1-3〉

제조업 생산이 한 입지에 집중하는 필요조건을 쉽게 도출할 수 있다. 모

가장 크다. 그러나 이러한 순환성은 분산된 농업 부문의 견인을 압도할 정도로 항상 충분히 강할 필요는 없다. (제조업 부문의 비중이 매우 높아서 – 따라서 제조업 부문의 수요가 크고 나아가 총수요가 크게 되며, 그 결과 수요 외부성이 매우 큰 상황 – 그로 인하여 양 지역의 농업 부문의 비중이 충분히 낮아야만 집중이 발생하는 것은 아님. ; 역해자 주) 이 상황은 대신 〈그림 1-3〉처럼 보일 수 있다. 즉 제조업이 두 입지에 공평하게 분산된 하나의 독특하고 안정적인 균형이 된다. (제조업이 입지하지 않는 서쪽의 인구 비중의 수준이 서쪽 인구 비중의 최저 수준보다 낮으면 제조업이 동쪽에만 입지하는 경우는 발생하지 않으며, 동쪽의 경우도 마찬가지임. : 역해자 주)

제조업 생산이 한 입지에 집중하는 필요조건을 쉽게 도출할 수 있다. 모든 제조업이 동쪽에 있으면 서쪽은 인구 비중이 단지 $(1-\pi)/2$와 같아질 것이

다. 전형적인 제조업자가 동쪽에서 서쪽 시장에 공급하는 데 드는 수송비용
은 따라서 tx(1-π)/2이다. 서쪽에서의 설비 설치비용은 F이다. 따라서 동쪽에
서의 생산 집중은 일단 형성되면 다음의 조건이 충족되는 한 지속될 것이다.

$$F > \frac{1-\pi}{2}tx$$

이러한 기준이 충족되지 않으면 역사는 문제가 되지 않는다(History
does not matter). (초기에 동쪽에 제조업이 집중하여 서쪽으로 공급하는 것이 유리하였
다 할지라도 서쪽에서의 설비투자 비용이 수송비보다 적을 경우, 서쪽에 설비를 투자하여 현지에 공
급하는 것이 유리하므로 동쪽에의 제조업 집중은 유지될 수 없게 됨. ; 역해자 주) 제조업자의 지
리[적 분포]는 농업의 분포에 따를 것이다.

역사의 핵심적 역할(집중이 형성되어 유지되는 조건 ; 역해자 주)은 세 가지 파라
미터에 달려 있음을 알 수 있다. 높은 설비 설치 비용(F), 즉 충분히 큰 규
모의 경제 ; 작은 수송비용(t), 즉 충분히 낮은 수송비 ; 높은 제조업 인구
비율(π), 즉 충분히 높은, 천연자원 (여기서는 농업 ; 역해자 주) 에 의존하지 않는
매이지 않은 생산 (공산품의 생산, 따라서 수요 또한 ; 역해자 주) 비중.

이제 제조업 벨트의 출현에 대한 정형화된 이야기를 할 수 있게 되었
다.[10] 미국은 건국 초에는 농업 인구가 대부분인 상황에서 제조업은 규모의
경제가 거의 없고 수송비는 매우 높아서 강력한 지리적 집중이 발생할 수
없었다. 미국이 산업 이행을 시작함에 따라 제조업은 남부 ― 남부는 그
매우 끔직한 [노예제와 같은] 제도들과 관련된 갖가지 이유로 제조업에는

부적합하였다 ― 를 제외하고 농업 인구의 대부분을 차지하였던 지역들에서 등장하였다. 그러나 19세기 후반에 제조업에서 규모의 경제가 증가하였고[11] 수송비가 떨어졌으며 비농업 거주지의 인구 비중이 증가하였다. 그결과 제조업 벨트의 초기 우위가 잠금(초기에 미국의 제조업에서 제조업 벨트가 차지하던 높은 비중이 계속 유지됨. : 역해자 주)이 되었다. 비록 새로운 토지와 새로운 자원이 서쪽에서 개발되고 노예제가 종식되었다고 해도, 3/4세기 동안 확고히 자리를 잡은 제조업 지역들의 견인력은 매우 강해서 제조업 중심을 실질적으로 유지할 수 있었다.

물론 이 이야기는 몇 가지 면에서 과도하게 단순화되었다. 한편으로는 아마도 제조업 벨트를 창출하는 명백한 전통적 요인들의 역할을 저평가한다. ― 미국과 유럽 모두에서 중공업의 입지와 석탄광의 입지 사이에는 다소간의 상관관계가 있다. 다른 한편에서는 제조업 벨트 내에서 지역

---

10) 이 이야기는 데이비드 메이어(David Mayer 1983)의 매력적 연구에 기초하는데, 그러나 그는 이 묘사의 조잡함에 대하여 결코 책임이 없다.

11) 챈들러(Chandler 1990)는 남북전쟁과 1920년대 사이의 기간 ― 즉 제조업 벨트의 전성기 ― 에 대규모 제조기업의 등장에 대한 흥미로운 이야기를 제공한다. 그는 한 산업 그리고 또 다른 산업에서 선도자가 신기술과 낮은 수송비를 이용하여 한두 개의 전례 없는 규모의 공장을 설립함으로써 전국시장에 공급하는 길을 선도하였음을 보여준다. 비록 챈들러가 요점을 강조하지는 않지만, 미국 기업들이 제조업 벨트 안쪽의 어딘가에 최초의 대규모 공장을 세웠다는 점에서는 변함이 없다. 때때로 이러한 결정은 특정 생산요소의 획득가능성에 의하여 영향을 받았지만 ― 예를 들어 나이아가라 폭포에서 알루미늄 제련소를 위한 수력발전 ― 시장에 대한 접근성이 제조업 벨트 이외의 지역을 배제하는 데 핵심적 역할을 한 것으로 보인다.

특화의 원천에 대하여 말하지 않는다. — 왜 디트로이트가 자동차 중심으로, 뉴욕이 의복 중심으로, [미시간 주의 미시간호 동쪽에 있는] 그랜드래 피즈(Grand Rapids)가 가구 중심으로 성장했는가? 그러나 이 이야기는 무엇이 발생했는지에 대한 중요한 면을 분명히 포착하고 있다. 또한 이야기를 더욱 정교하게 만드는 데 다시 출현할 요소들 — 개별 기업 수준에서의 수확체증 그리고 이러한 기업들의 결정의 상호작용으로부터 파생되는 외부경제들 — 을 포함한다.

그러나 주제를 바꾸기 전에 제조업 벨트의 성장에서 어느 정도 더욱 정교화할 만한 가치가 있는 특징이 있다. 그것은 수송비용 그 자체의 내생성(endogeneity) (모형 내부에서 여타 변수에 의하여 영향을 받아 그 값이 결정되는 성질을 말하는데, 모형의 외부에서 그 값이 주어지는 외생성(exogeneity)과 대비됨. : 역해자 주)의 역할이다.

3-1 수송망과 지역 분산

미국 경제사를 대충 읽어보아도 제조업 벨트의 일부 우위는 벨트 지역 도시들을 연결하는 철도망의 조밀도, 즉 그 자체가 그 지역의 제조업 지배의 산물인 조밀도로부터 나타났다는 것이 명백하다. 이 수송망 효과는 좀 더 주목할 만하다.

이제 중부, 서부 및 남부의 세 입지가 있고, 이들 지역의 어느 두 지역 간에도 수송비가 같은 어떤 나라가 있다고 가정해보자. 제조 기업에 적합한 입지는 어디일까? 앞의 논의를 통하여 유추해보면, 이 세 입지 중 하나가 다른 입지들보다 충분히 큰 지역시장을 갖고 있고, 고정비용이 수송비용에 비하여 충분히 크다면, 인구가 많은 입지가 제조업 생산의 집중을 유인할 것이다.

이제 동부, 중서부, 서부 및 남부의 네 입지를 갖는 국가를 가정해보자. 동부와 중서부 간 수송비가 다른 방향들로의 수송비보다 훨씬 싸다고 가정하자. 그러면 경제적으로 동부와 중서부는 사실상 하나의 입지가 된다. 그 동부-중서부 지역은 남부 혹은 서부보다, 심지어 그 개별시장들이 더 크지 않다고 하여도, 제조업을 입지시키는 보다 매력적인 곳이 될 것이다. 동부와 중서부의 어느 곳에 있든 그 공장들은 [동부-중서부] 결합시장에 대한 접근성이 더 좋을 것이기 때문이다.

그러나 왜 한 방향으로의 수송비가 다른 방향들로의 수송비보다 더 싸게 되는가? 가장 자연스러운 답은 수송 그 자체에 규모의 경제가 존재하기 때문이다. 철도나 고속도로는 대표적인 분리할 수 없는 투자들(indivisible investments)이고, (일거에 대규모 투자가 필요하고 일단 갖추어지면 활용이 늘어난다 해도 특정한 임계량 이전까지는 추가적인 고정비용이 없어서 단가의 하락에 따른 규모의 경제가 가능해지는 : 역해자 주) 항공서비스의 빈도와 크고 효율적인 비행기를 이용하는 능력은 수요의 크기에 달려 있다. 만약 제조업 생산의 수요와 공급이 동부와 중서부에 집중한다면, 다른 루트들보다는 이 지역내의 입지 간의 수송량이 보다 크게 될 것이다. 이는 수송비 하락을 의미하며, 생산입지로서 동부와 중서부의 우위를 강화하게 될 것이다. (즉 생산 집중 → 수송량 증가 → 인프라 – 높고 분리 불가능한 고정비용 – 확충 → 규모의 경제 → 수송비 하락 → 생산 집중 : 역해자 주)

원리적으로 볼 때 산업의 지리적 집중의 독립적 원천으로서 수송망 효과를 상정하는 것 ― 우리 기초 모형의 동인인 지역시장규모 효과(시장규모가 큰 지역에 입지하여 공급하는 것이 유리한 효과 : 역해자 주) 가 없는 모형을 세우는 것 ― 이 가능하다. 물론 실제로 이 두 효과는 함께 작용한다. (현실에서는 아파트가 많이 세워져서 인구가 집중하는, 따라서 시장규모가 큰 지역에 지하철역이 생기고 이것이 수송비를 하락시켜 더 많은 사람들이 그 지역에 입지하는 역세권 효과도 유사한 사례로 볼 수 있음. : 역해자 주) 미국 제조업 벨트는 단지 조밀한 인구에 의해서만이 아니라 미국 내 다른 어느 지역들보다 더 나은 수송망 ― 따라서 제조업자들에게 보다 양호한 시장 접근성을 제공하는 ― 에 의해서도 특징 지워졌다.

3-2 사고의 확장

미국 제조업 벨트의 사례는 그 자체로서 매우 흥미롭다. 이 벨트의 등장과 지속은 미국 경제사에서 중요한 측면이면서도 여전히 크게 무시된 측면이다. 그러나 이러한 직접적 중요성보다 더욱 중요한 것은, 제조업 입지의 역사는 미국 경제 일반의 성격에 대하여 말하고 있다는 점이다. 그것이 말하는 바는 수확체증과 누적적 과정이 만연하며 역사적 우연에 대하여 종종 결정적 역할을 부여한다는 점이다.

제조업 벨트의 이야기가 19세기 중반까지 거슬러 올라간다는 점 또한 흥미롭다. 브라이언 아서(Brian Arthur)가 주장하였듯이, 기술의 증가하는 중요성 때문에 외부경제와 누적적 과정들이 최근 수십 년 동안 보다 더 중요하게 되었다고 말하는 이들이 많다. 그러나 미국에서 제조업의 지리적 집중은 정보화 시대의 도래 훨씬 이전부터 형성되었다. 따라서 미국 경제가 이제 전통적 수확불변 모형에 의하여 잘 설명되지 않는다는 것은 사실이 아니다. 과거에도 잘 설명되지 않았다.

04
변화과정

수요의 입지가 생산의 입지를 결정하고, 그리고 그 반대로 생산의 입지가 수요의 입지를 결정하는 순환관계는 어떤 정립된 중심-주변 패턴을 잠가버리는 경향을 가지는 매우 보수적인 힘이 될 수 있다. 미국 제조업 벨트의 경우 산업화, 공장 생산 및 철도가 위력을 발휘한 시점에 나타나게 된 생산의 지리적 구조는 본질적으로 다음 세기에도 온전히 유지되었다.

그러나 어느 것도 영원하지 않다. 사실 이 강연에서 약술한 이러한 모형 유형에 대하여 가장 흥미 있는 것 중 하나는, 소위 경제적 변화의 과정에 관한 것이다. 여기서 말하고자 하는 바는 중심-주변 모형에서 제시되는 두 가지 아이디어이다. 먼저 생산의 지리적 구조가 오랜 기간 동안 안정적이더라도, 변화할 때는 급변할 수 있다. 사실 기초 조건의 점진적 변화는 종종 폭발적이거나, 보다 정확히 말하면 파국적 변화를 가져올 수 있다. 둘째, 변화가 올 때는 단지 객관적 조건에 의해서만이 아니라 자기완결적일 수 있는 기대에 의해서 영향을 받기도 한다.

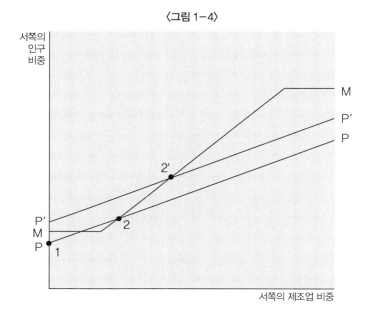

〈그림 1-4〉

4-1 급변의 논리

생산 [활동의] 지리[적 분포]의 변화가 때때로 얼마나 빨리 발생하는가를 보기 위하여 농업 노동력이 입지들 간에 공평하게 분포된 것이 아니라 불균등하게 나누어져 있어서 서쪽이 보다 작은 인구를 가졌다고 가정해보자. 가설적 위치는 〈그림 1-4〉에 표시된다. *PP*는 제조업 고용과 총인구 간의 초기 관계이다. 서쪽이 공산품을 생산하고자 하는 점2에서 하나의 가능한 균형이 존재한다고 해도, 동쪽의 초기의 유리함 때문에 우리는 서쪽이 전혀 공산품을 생산하지 않는 점1에 있다고 가정하자.

이제 동쪽에서 서쪽으로 농업 노동력의 점진적 재배치가 있다고 가정하자. 이는 *PP*를 *P'P'*로 상향 이동시킬 것이다. 어떤 점에서 동쪽의 제조업 지배가 붕괴할 것임이 즉각 명백해진다. 서쪽 인구가 임계수준을 넘으면 제조업자들은 서쪽에서 생산하는 것이 가치가 있게 된다. 왜냐하면 서쪽에서의 제조업 생산이 증가함에 따라 인구가 더욱 늘고 이는 다시 제조업 생산의 증가를 촉진하게 되기 때문이다. 따라서 농업 기반의 작은 증가가 수입 대체(제조업 기업이 입지함에 따른 공산품 생산 개시 ; 역해자 주)와 성장의 누적적 과정(제조업 기업이 입지함에 따라 제조업 노동력이 증가하고 그에 따라 수요가 증가하는 ; 역해자 주)을 작동시키고, 이것이 궁극적으로 점$2'$와 같은 점에서 균형에 도달하게 한다.

이 시나리오는 전적으로 가설적이지는 않을 수 있다. 폴 로드(Paul Rhode 1988)는 19세기 후반 캘리포니아가 지역시장이 많은 산업을 지탱하기에는 매우 작기 때문에 제한된 제조업을 갖는 자원기반 경제였다고 지적하였다. 그는 20세기에 들어설 무렵 유정(油井)의 발견은 캘리포니아를 임계점에 올렸고, 따라서 이것이 캘리포니아를 폭발적 성장의 과정(그리고 특히 로스앤젤레스의 제조업 중심으로의 급속한 부상)에 돌입하게 만들었다고 지적하였다.

요점은, 역사가 왜 중요한가를 설명하는 데 도움이 되는 것과 같은 종류의 모형이 변화가 올 때는 급격할 수 있음도 시사하고 있다는 것이다. 또한 우리는 지역 성쇠의 변화가 예측하기 어렵다는 점을 알 수도 있다. 즉 〈그림 1-4〉에서 묘사된 가설적 역사에서 어떤 뚜렷한 이유 없이 서쪽 성장의 급격한 가속을 보게 된다.

4-2 역사 대(對) 기대

급작스러운 변화의 논리를 설명하였기에 그러한 논리가 갖는 한 가지 문제, 즉 기대의 합리성을 강조하는 현대 거시경제학에 기반을 둔 독자들이 이미 느꼈을 문제를 제기하고자 한다. 농업 인구의 분포가 사실상 〈그림 1-4〉에 제시된 방향으로 움직이고 있다고 가정하자. 제조업 노동자들/기업들은 서쪽의 인구 증가가 예상된다는 것을 깨닫지 않을까? 그리고 그들은 그러한 증가를 예상하여 서쪽으로 이주하기 시작함으로써 그러한 변화 과정을 부드럽게 하지 않을까?

그들에게 충분한 정보가 있다면 대답은 '그렇다'이다. 그러나 현실에서 나는 의구심을 갖는다. ― 다른 곳에서와 마찬가지로 여기서도 합리적 기대의 가정은 불합리한 수준의 정보와 교양을 추정하는 것으로 보인다. 이는 내가 깊이 천착하고 싶은 그러한 논쟁은 아니다. 나는 단지 암묵적으로 〈그림 1-4〉의 동학 (시간의 경과에 따른 지속적인 변화 과정을 보여주는 분석 기법 ; 역해자 주)의 기초를 이루는 정태적 (시간의 경과에 따른 변화과정은 보여주지 않은 채 결과로서의 상태만을 설명하거나 비교하는 분석 기법 ; 역해자 주) 기대가 분석에 유용한 자리를 차지한다는 것을 주장하고자 한다.

내가 합리적 기대가설의 문자 그대로의 타당성에 대하여 회의적이라 하더라도 우리는 지역 발전에서 기대의 역할이라는 이슈를 제기하였고 그것을 다루어야 한다. 조금만 생각해보면 지역 분화 (지역 간에 발전이 차별화되는, 즉 어느 지역은 생산활동이 집중하고 다른 지역은 그렇지 않은 ; 역해자 주)를 일으킨다고 내가 주장한 순환과정이 자기완결적 예언을 일으킬 수 있다는 것을 알 수 있다.

다시 두 개 지역 국가 모형을 상정해 보자. 이번에는 단순화를 위하여 규모의 경제가 수송비에 비하여 충분히 커서 전적으로 동쪽 혹은 서쪽에만 제조업이 집중하는, 단지 두 가지의 장기균형이 존재한다고 가정하자. 그러나 노동자들이 모두 동시에 이주할 수 없는, 즉 제조업이 이동할 수 있는 속도를 제약하는 어떤 종류의 조정비용이 존재한다고 가정하자. 따라서 한 지역 또는 다른 지역에 입지하고자 선택한 노동자는, 적어도 당분간 그러한 선택에서 옴짝달싹하지 못하게 된다.

이 경우 노동자들은 그들의 경상임금 (물가상승률을 감안하지 않은 임금, 보통 명목임금 또는 간단히 임금이라고도 함. ; 역해자 주) 이상의 것들에 대하여 관심을 가질 것이다 ― 그들은 이동하고자 하는 결정을 미래임금의 현재가치 (미래에 자신들이 받게 될 임금을 물가상승률을 감안하여 현재의 가치로 환산한 임금 ; 역해자 주) 와 같은 것들에 기초를 두고자 할 것이다. 그러나 어떤 시점에서건 각 지역의 실질임금률 (물가상승률을 감안할 뿐 아니라 노동이 투입된 시간을 기준으로 지급되는 임금으로, 통상 단위 시간당 임금으로 표현됨. ; 역해자 주) 은 제조업 노동자들의 분포에 의존한다. 따라서 각 노동자들의 현재 입지 결정은 다른 노동자들의 미래 결정에 대한 자신의 기대에 의존하게 된다.

자기완결적 예언의 가능성은 이제 명확해진다. 동쪽과 서쪽이 동일한 수의 농부를 갖고 또한 동쪽이 초기에 보다 많은 제조업을 갖고 있으며, 그 우월한 전후방연관 (제품에 대한 수요도 많고 제품 생산에 필요한 공급 여건도 좋아서 누리는 효과 ; 역해자 주) 덕분에 동쪽이 보다 높은 실질제조업임금을 제공한다고 가정하자. 그러면 서쪽에서 동쪽으로 제조업이 이동할 것이라고 예상할 수 있다. 그러나 어떠한 이유로 대중들이, 동쪽이 아니라 서쪽이 이주의 종착점 (장기적으로 수요가 큰 곳 ; 역해자 주)이 될 것이며, 그 결과 서쪽의 실질임금이 궁극적으로 동쪽보다 높아질 것으로 확신한다고 가정해 보자. 이러한 믿음은 고임금 지역에서 저임금 지역으로의 이주 — 이러한 이주는 궁극적으로 실질임금 격차를 역전시킬 것이다! — 를 야기할 것이다. 만약 이러한 역전이 충분히 그리고 빠르게 발생한다면(서쪽으로 이주한 노동자는 현재는 실질임금이 낮지만 단기간에 높아지게 됨. ; 역해자 주) 동쪽에서 서쪽으로 이주하는 노동자는 자신이 올바른 결정을 내렸음을 알게 될 것이다. 따라서 서쪽이 기회의 땅이라는 믿음은 자기완결적 예언으로 드러난다. 대신에 만약 모든 이가 동쪽에 믿음이 있다면 동쪽이 산업을 유치하게 될 것이다.

언제 자기완결적 예언이 초기의 우위를 뛰어넘을 수 있는가? 몇 가지 요인이 분명히 중요하다. 첫째, 노동자들과 기업들이 이주할 수 있는 속도가 미래 임금 격차가 할인되는 비율에 비하여 충분히 빨라서 한 지역의 미래 우위가 다른 지역의 현재 우위보다 더욱 중요해질 수 있어야 한다. 둘째, 인구 분포의 미래 변동 (그에 따른 시장의 확대 ; 역해자 주)이 실질임금 격차를 재빨리 변화시킬 만큼 수확체증이 충분히 강해야 한다. 끝으로 시발점이 지나치게 불균등하지 않아야 한다. 만약 충분한 제조업이 한 지역에 집중하여 있다면, 이러한 초기 우위는 너무 커서 여타 지역에 대한 가장 낙관적 기대조차 극복하지 못하게 될 수 있다.

자기완결적 기대의 문제를 보다 깔끔하게 공식화할 수 있다. 그러한 공식은《부록 B》에 제시되어 있다. 이 공식이 말하는 것은, 기대에 따라서 어느 한 지역이 제조업 중심으로 될 수 있는, 제조업 노동자들의 초기 분포의 영역이 있을 수 있다는 점이다. 그러한 영역의 존재 여부 그리고 존재할 경우 그 영역의 규모는 근본적으로 적응의 속도에 달려있다. 적응이 느린 경우에는 자기완결적 기대에 의하여 잠재적으로 압도되기보다는 점진적으로 초기 우위가 누적된다고 확신할 수 있다.

논리에 대해서는 그만하기로 하자. 이 이야기가 만약 현실에 부합한다면 어느 정도 부합하는가? 대답은 내가 확신하지 못한다는 것이다. 미국 제조업 벨트의 경우 역사가 실제로 일어난 일을 분명히 결정하였다. 가령 전통적인 제조업 입지의 역사적 우위를 압도할 그레이트 플레인스(Great Plains)(북미 대륙 중앙의 광활한 평원지역을 일컫는 말로서 지리적으로는 북쪽의 캐나다 매켄지 강에서 남쪽의 미국 텍사스 주에 이르는 로키산맥의 동쪽과 미시시피강의 서쪽 지역이다. 석탄, 금 및 천연가스 등 자원이 풍부하다. ; 역해자 주)의 산업의 미래에 대한 자기완결적 믿음이 있었을지도 모른다. 그러나 없었다.(나는 그것을 의심스럽게 생각한다.)

그러나 보다 작은 규모에서는 자기완결성의 경우가 더 잘 보인다. 미국의 지역경제 발전의 전통 중 두드러진 부분은 촉진주의(boosterism) ― 즉 지역 사업가와 상공회의소가 자신들의 지역경제로 임계량(臨界量)을 끌어들일 수 있다면 지속적으로 성장할 수 있다는 믿음 아래, 매이지 않은 개인들과 기업들로 하여금 자신들의 주(state)나 마을(town)의 장점을 확신하게 만들려는 때때로 터무니없는 노력들 ― 였다. 이러한 촉진주의의 일부는 구체적인 유인, 일종의 원산업정책(proto-industrial policy)을 포함하였다.(한국의 송도나 지방 상공회의소가 기업과 개인들을 유치하는 노력도 유사함. ; 역해자 주) 우리는 다음 장에서 애크런(Akron) (미국 오하이오 주 북동부에 위치한 도시이며, 동부 해안과 중서부 지역을 중계하는 교통 중심지로 대규모의 화물차 터미널이 있음. ; 역해자 주)과 고무산업의 이야기에서 하나의 사례를 보게 될 것이다. 그러나 종종 그것은 단지 지역에 대한 낙관론을 불러일으키려는 시도였다. 여기서 개략적으로 살펴본 분석이 시사하는 바는, 적어도 원리적으로는 촉진주의가 사리에 부합될 수도 있다는 것이다.

역(逆)의 촉진주의의 가능성도 있다. 만약 어떤 이유로 비즈니스맨과 노동자들이 한 지역의 장래에 대하여 비관적이라면, 이 비관주의는 자기 정당화될 수 있다. 이런 것이 내 고향 주에서 일어나고 있을지도 모른다는 추측을 피하기 어렵다. 1988년 매사추세츠 주의 주지사 (마이클 두카키스 Michael Stanley Dukakis ; 역해자 주) 가 그 주에서의 인상적인 경제적 성과를 바탕으로 대통령 선거에 입후보하였다. 그러나 그는 조지 부시에게 굴욕적으로 패배하였다 — 그리고 매사추세츠 주의 경제는 급락하였다. 이것이 단지 우연의 일치인가 혹은 대통령 유세의 심리적 충격과 그리고 주 내에서 그에 뒤이은 정치적 내전들이 자기완결적인 하향 순환을 야기한 것인가? (그리고 주 경제는 지속적으로 자멸할 것인가?) 나는 그 답을 알지는 못하지만 그런 그럴듯한 생각들이 내게는 어리석어 보이지 않는다. 보다 전통적 사고방식의 경제학자들에게는 그렇게 보이겠지만 말이다.

05
우리는 어디에 서 있나

　나는 이 강연에서 경제지리학이 국제경제학과 동등하게 혹은 어떤 의미에서는 국제경제학을 포괄하는 경제학의 주요 분야 중 하나로 받아들여져야 한다고 주장하였다. 우리는 모두 적어도 경제적 주장이 그 실증적 지원 못지않게 그 미학에 의존하여 성공한다는 것을 알기 때문에, 나는 내 주장이 그간 내가 제시할 수 있었던 가장 귀여운 지리학 모형, 즉 중심-주변 구조가 어떻게 국가 수준에서 내생적으로 나타날 수 있는가를 보여주는 모형을 갖추도록 하려고 노력하였다. 그리고 나는 이러한 것들이 미국에서 남북전쟁과 제1차 세계대전 사이에 실제 발생하였다고 주장하였다.

　그러나 경제지리학에서 집중 현상은 여러 수준에서 발생한다. [대규모 수준에서 언급되었던] 대규모 대도시권 벨트의 부상은 가장 극적일 수 있지만, 국제적 사례로 볼 때 항상은 아니라 해도 대개 그러한 벨트의 내부에 있는 특정 산업들의 지역화로 이어지는 요인은 아마도 훨씬 더 흥미롭다. 따라서 다음 장에서 나는 대규모에서 소규모로, 중심 - 주변에서 지역화로 움직이고자 한다.

2장

지역화

1895년 조지아의 작은 도시 돌턴(Dalton)에 사는 캐서린 에반스 (Catherine Evans)라는 10대 소녀가 결혼 선물로 침대보를 만들었다. 그것은 술이 달렸다는(tuffed) 점에서 당시로서는 흔치 않은 침대보였 다. 즉 18세기와 19세기 초만 해도 술을 달거나 도톰하게 무늬를 새기는 (candlewicking)기술은 일상적이었으나 19세기말에는 드물었다. 그 결 혼 선물의 직접적 귀결로서 돌턴은 2차 대전 후 미국의 걸출한 카펫 생산 센터로 부상하였다. 미국의 20개 카펫 제조기업 중 여섯 개가 돌턴에 입 지하였다. 나머지 중 하나를 제외한 모든 기업들은 근처에 입지하였으며, 돌턴과 인근의 카펫 산업은 1만 9,000명의 노동자를 고용하였다.

이 장의 뒤에서 다시 캐서린 에반스의 이야기로 돌아갈 것이다. 지금 은 단지 이 카펫 이야기가 특히 매력적이라는 점 외에도 실제로 매우 전 형적인 것이라는 점을 지적하고자 한다. 미국 내 제조업은 놀라울 정도로 고도로 지역화 (특정 산업이 특정 지역에 집중하여 있다는 의미이며, 지역 입장에서는 특정 산 업에 치우쳐 있다는 의미에서 '특화'라고 볼 수도 있음. 다양한 의미로 사용되고 있고 다소 덜 학문적인 용어로서 '클러스터'도 특정 지역에 특정 산업이 집중하여 있는 현상을 의미하는 경우 여기서 말하는 지역화에 다름 아님. ; 역해자 주) 되어 있다. 그리고 그 지역화의 이유를 이해하려고 할 때, 그것은 일부 사소하게 보이는 역사적 우연에 기원이 있음을 알게 된다.

　일부 얘기들은 나중에 하겠다. 먼저 분석 틀을 발전시켜 보자.

01

산업 지역화의 원천

산업의 지역화에 대한 관찰은 물론 새로운 것은 아니다. 지역화는 산업화 과정의 두드러진 특징의 하나여서 1900년 미국 센서스에 포함된 해당 주제에 대한 매력적 논문을 포함하여 19세기 후반 크나큰 관심을 불러 일으켰다. 산업의 지역화에 관한 문헌은 매우 광범위하여 이루다 언급하기 어려운데, 지난 수십 년간의 주목할 만한 사례들로는 후버(Hoover 1948), 리히텐버그(Lichtenberg 1960) 그리고 매우 최근에는 포터(Porter 1990) 등이 있다. 산업의 지역화에 대한 주제와 도시경제학 간에는 상당히 중복되는 부분이 있다. 이론, 일화적 증거 그리고 엄정한 실증적 작업들을 베어록(Bairoch 1988), 제이콥스(Jacobs 1969, 1984) 그리고 헨더슨(Henderson 1988)의 저작에서 볼 수 있다.

그러나 그 원조로 되돌아가 보자. 지역화 현상에 대한 고전적 경제 분석을 제공한 사람은 알프레드 마셜(Alfred Marshall)이다.(실제로 마셜의 외부경제 개념의 기저를 이룬 것이 산업의 지역화에 대한 관찰인데, 이러한 사실은 현대에 들어서 이 주제를 게을리 하는 것을 더욱 놀랍게 만든다.)

마셜(Marshall 1920)은 지역화의 세 가지 명백한 이유를 확인하였다. 첫째, 한 산업내 여러 기업들을 동일한 지역에 집중시킴으로써 산업의 중심은 특화된 기예(specialized skills)를 갖는 노동자에 대한 통합시장(pooled market)을 가능케 한다. 이러한 통합시장은 노동자와 기업 모두에게 이득이 된다.

하나의 지역화된 산업은 기예에 대하여 지속적인 시장을 제공한다는 사실로부터 큰 이득을 얻는다. 고용주는 그들이 요구하는 특수한 기예를 가진 노동자들을 잘 고를 수 있는 곳에 의존하는 경향이 있다. 반면 일자리를 찾는 사람들은 그들이 가진 기예를 필요로 하는 고용주들이 많고 따라서 좋은 시장을 발견하기 쉬운 곳으로 간다. 고립된 공장의 소유주는 설사 일반 노동자의 대규모 공급에 접근하기 좋다고 하여도 일부 특수한 기예를 가진 노동자의 부족으로 종종 이동하게 된다. 그리고 기예를 가진 노동자는 거기서 고용을 잃었을 때 쉬운 도피처를 갖지 못한다. (A. Marshall, *Principles of Economics*, 1920, London, pp.271~272; 역해자 주)

둘째, 하나의 산업센터는 한 산업에 특수한 비교역 투입재(nontraded inputs) (비교역재는 어디서나 교역이 가능한 교역재에 대비되는 개념으로, 이발소와 같이 이발소가 입지한 지역에서만 교역이 가능한 재화가 이에 속함. 여기서는 특정 기계류의 경우 그 기계를 활용하는 산업에서만 수요가 존재하기에 그 산업에 속하는 기업들이 입지한 지역에서만 활용된다는 의미로 쓰임. ; 역해자 주)를 보다 다양하고 그리고 저렴하게 제공한다.

하청전문업이 이웃에게 재료와 수단을 제공하고 그 수송을 조직하며, 그리고 다양한 방식으로 그 재료의 경제적 이용에 기여하게 하면서 이웃에서 성장한다…. 비록 그 사업에 동원된 개별 자본은 크지 않다고 하더라도 동일한 종류의 대규모 집합생산이 있는 구역에서는 고가 기계류의 경제적 이용이 고도로 확보될 수 있다. 왜냐하면 생산과정의 작은 부분에 그 각각을 투입하고 그래서 다수의 이웃들을 위하여 그것을 운용하는 하청전문업들은, 가장 고도로 특화된 성격의 기계류를 지속적으로 이용함으로써 그것들이 그 비용을 지불하도록 할 수 있기 때문이다. (A. Marshall, *Principles of Economics*, 1920, London, p.271; 역해자 주)

마지막으로 정보는 먼 거리보다는 지역적으로 보다 쉽게 흐르기 때문에 하나의 산업 중심은 오늘날 우리가 기술적 파급(technological spillovers)이라 부르는 것을 낳는다.

사업의 미스터리는 더 이상 미스터리가 되지 않는다. 공중에 있는 것처럼 드러난다. 좋은 일은 마땅히 그 진가를 인정받으며, 기계류와 공정 그리고 일반적 비즈니스 조직에서의 발명과 개선은 그들의 장점이 즉각 논의된다. 한 사람이 새로운 생각을 시작하면 다른 사람들에 의하여 받아들여지고 그들의 제안들과 결합된다. 그래서 또 다른 아이디어의 원천이 된다. (A. Marshall, *Principles of Economics*, 1920, London, p.271; 역해자 주)

나는 알프레드 마셜의 표현 방식을 현대적인 것보다 좋아한다. 마셜

언어의 고어체와 형식을 갖추지 않은 점을 벗겨내면 그가 매우 정교한 모형을 마음속에 갖고 있었음을 알게 된다. 그는 내가 지적하고자 하는 몇 가지 기교를 갖추지 못했지만, 이 강연에서 이 대목의 주된 목적은 마샬의 표현을 다소 건조하고 덜 절묘하게 재현함으로써 현대적인 것으로 만들고자 하는 데 있다.

따라서 마샬의 지역화의 이유들을 각각 차례대로 고찰해보자.

1-1 노동시장 풀링(Pooling)

당분간 어떤 산업에 두 기업만이 있고 이들은 단지 두 곳의 입지 중 하나에서만 생산할 수 있다고 가정하자. 이 기업들은 모두 동일한 독특한 유형의 숙련노동자를 이용한다. 그러나 어떠한 이유로 인하여 기업들의 노동력에 대한 수요는 완전히 상호 관련되지는 않는다. 예를 들면 이 두 기업은 불확실한 수요에 직면하는 차별화된 제품을 생산할 수도 있다. 또는 기업 고유의 생산 충격에 직면할 수도 있다. 이유야 어쨌든 기업의 노동수요는 불확실하며 불완전하게 상호 관련되어 있다.

문제를 보다 구체화하기 위하여 각 기업이 125명의 전문 노동자를 현행 임금으로 고용하는 호황이나 75명만을 고용하는 불황을 경험할 수 있다고 가정하자. 또한 이러한 노동자가 총 200명 있으며 노동자에 대한 평균 수요는 공급과 일치한다고 가정하자.(이 사례에서 나는 노동에 대한 초과수요 혹은 초과공급이 있을 수 있도록 특화된 노동자의 임금률은 주어진 것으로 간주한다. 원한다면 노동 수요에 대한 충격이 드러나기 전에 기대되는 시장 균형 수준에서 임금을 정하는 임금협상 과정을 가정하라 (시장에서 여러 가지 환경 변화로 인하여 노동 수요에 변화가 예상되고 그에 따라 임금이 영향을 받게 되겠지만, 임금협상을 통하여 임금을 일정 수준에 고정함으로써 그러한 변화 가능성을 미리 차단하는 경우 ; 역해자 주) ─ 지나치게 비현실적인 가정은 아니다. 그러나 이 가정은 본질적이지는 않다. 나는 잠시 후 임금률이 설사 완전히 탄력적이어서 노동시장에서 수요와 공급이 같아지게 된다고 하여도 기본적인 이야기는 마찬가지임을 보여주려고 한다.)

이제 이렇게 질문할 수 있다. 만약 두 기업이 상이한 입지를 선택하거나 ─ 따라서 각 기업이 100단위의 지역 노동력을 갖는 기업도시(company town) (일본 도요타 자동차의 본사가 입지한 도요타 시(豊田市)나 포항제철이 입지한 포항과 같이 해당 기업이 도시 전체 고용의 상당부분을 차지하는 경우를 예로 들 수 있음. ; 역해자 주)를 형성하거나 ─ 아니면 두 기업이 동일한 입지를 선택함으로써 어느 기업에서건 노동할 수 있는 통합된 노동력 200단위를 갖는다면, 기업과 노동자들에게는 어느 쪽이 더 이득이 될까?

착취의 가능성에 대하여 즉각적으로 의문이 들 수도 있다. 즉 각 기업이 [다른 기업을 선택할 여지가 없는] 포획된 지역 노동력을 선호하려 하지 않을까? 이 문제에 대해서는 당신이 생각하는 대로 일이 되어가지는 않음을 곧 보여줄 것이다. 지금은 이것은 제쳐두고 임금이 기대되는 시장 균형 수준에 있다고 가정하자. 그러면 모든 이가 같은 장소에 있는 것이 기업과 노동자 모두에게 이익이라는 게 명백하게 된다.

먼저 기업의 입장에서 상황을 보자. 각 기업이 100명의 노동력을 갖는 자신의 지역을 갖고 있다면, 노동 수요가 많을 때 기회를 잘 살릴 수 없을 것이다. 호황기에는 [자체 기업의 수요를] 충족할 수 없는 25명의 노동자에 대한 초과수요가 발생할 것이다. 그러나 이 두 기업이 동일한 장소에 있게 되면, 적어도 가끔씩은 최소한 한 기업의 호황은 타 기업의 불황과 맞아 떨어지게 되어 추가 노동자를 확보할 수 있게 될 것이다.

이제 노동자들의 입장에서 보자. 그들이 한 기업도시에 살게 되면 그 기업의 불황은 노동자들의 불황이기도 하다. 기업의 노동 수요가 작을 때마다 25명의 노동자들이 해고될 것이다. 기업들이 동일한 장소에 입지하게 되면 적어도 가끔씩은 한 기업의 불황은 여타 기업의 호황에 의하여 상쇄되며, 평균 실업률은 그에 상응하여 낮아지게 된다.

이것은 매우 사소한 예이다. 그러나 이것은 종종 오해되는 몇 가지 점을 명확히 하는 데 유용하다. 첫째, 이 사례는 노동시장 풀링으로부터의 이득의 성격을 명확히 한다. 풀링이라는 단어 때문에 어떤 사람들은 통합된 노동시장을 창출하는 유인이 자산구성(portfolio)의 다양화처럼 노동자 입장에서의 [한 개 기업보다는 두 개 기업을 선택할 수 있는] 위험 회피와 관계가 있다고 가정하려는 유혹에 빠질 수도 있다. 위험 최소화가 또 하나의 이슈임은 의심할 여지가 없지만 나는 이 사례에서 그것을 언급하지 않았다. 노동자들이 전적으로 위험 중립적이라고 하더라도 통합된 노동시장을 갖는 지역화된 산업을 창출하는 데서 효율 이득(기업은 추가 생산이 가능하여 이윤을 증가시킬 수 있고, 노동자는 평균 실업률이 떨어져서 얻는 이득임. 이는 불확실성이 내

포하는 이중적 의미를 시사하는데, 불확실성의 궁극적 위험은 그로 인하여 손실을 볼 수 있다는 점임.
; 역해자 주)이 있다.

둘째, 이 예는 불확실성만으로는 지역화를 야기하지는 않을 것임을 보여준다. 수확체증 또한 필요하다. 핵심은 통합된 노동시장이 이득이 되도록 하기 위해서는 각 기업이 이 지역 아니면 저 지역의 입지를 선택해야지 두 곳의 입지를 모두 선택해서는 안 된다고 가정할 필요가 있다는 점이다. 각 기업이 양 지역에서 모두 생산할 수 있다면 또는 그 문제에 대하여 각 기업이 두 개의 동등한 기업으로 분리되어 각 지역에 하나씩 입지할 수 있다면, 기업과 노동자들의 모든 '자산구성'은 각 입지에서 되풀이될 수 있을 것이며, 지역화의 동기는 사라질 것이다. 그러나 기업들이 두 곳 모두에 입지하지 않는다는 가정을 가장 자연스럽게 정당화하는 것은, 하나의 생산입지만을 촉발할 정도의 충분한 규모의 경제가 존재한다는 점이다.

따라서 지역화에 대한 마셜의 노동시장 풀링 주장을 설득력 있게 만드는 것은 수확체증과 불확실성의 상호작용이다. 그러나 지금까지 그것을 설명하여 왔듯이, 마셜의 노동시장 풀링은 생산 집중의 이점에 대한 논거일 뿐 그러한 집중을 유발하는 것으로 보이는 과정에 대한 설명은 아니다.

〈그림 2-1〉(이는 지난 번 강연의 일부 그림들과 우연히 닮아 보이는 것 이상이다)을 고려해 보자. 고정된 수의 기업들과 특화된 노동자의 제한된 공급이 있는 어떤 산업을 상정해 보자. 각각의 기업과 노동자들은 동쪽과 서쪽의 두 입지 중 하나를 선택해야만 한다. 가로축에는 서쪽의 노동

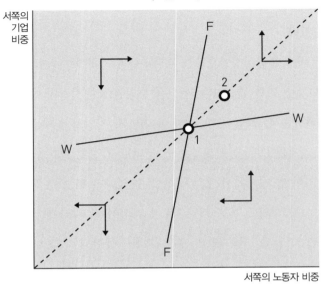

서쪽의
기업
비중

서쪽의 노동자 비중

력 비중, 세로축에는 서쪽의 기업 수 비중이 있다. (즉 가로축에서 우측으로 갈수록

서쪽의 노동력 비중은 늘어나는 반면 동쪽의 노동력 비중은 줄어들고, 세로축에서 위로 갈수록 서쪽

의 기업 수 비중은 늘어나는 반면 동쪽의 기업 수 비중은 줄어듦. 따라서 평면상의 모든 점들은 동쪽

과 서쪽의 노동력 비중과 기업 수 비중의 조합을 나타냄. ; 역해자 주)

기업들과 노동자들은 어느 입지를 선택할 것인가? 선분 *FF*와 *WW*는

각각 전형적인 기업과 노동자들을 두 입지 간에 무차별 (*FF*는 양 입지의 노동

자 비중이 변화할 경우 기업의 입장에서 그에 부응하여 양 입지의 기업 수의 비중이 변화함으로써 그

로부터 얻는 이득-이윤-이 같은 점들을 이은 궤적이고, *WW*는 양 입지의 기업 수 비중이 변화할 경

우 노동자의 입장에서 그에 부응하여 양 입지의 노동자 비중이 변화함으로써 그로부터 얻는 이득-임

금-이 같은 점들을 이은 궤적임. 따라서 두 직선은 각각 기업과 노동자에게 가져다 주는 이득을 같게

해주는 양 입지의 기업 수 비중과 노동자 수 비중의 조합을 나타내므로, 그러한 조건을 만족하는 한 양 입지는 무차별하게 됨. 이는 소비자 이론에서 소비자가 두 재화의 소비로부터 느끼는 효용이 같은 점들을 이은 궤적을 무차별 곡선이라고 하는 것과 유사한 개념임. ; 역해자 주) 하게 만드는 기업과 노동자들의 분포를 보여준다. 두 선분은 박스의 중심인 45도 선상의 점1에서 만난다. 모든 것이 동일하면 모든 것이 같다.

어느 주어진 노동력에서도 기업들은 가용 노동자에 대하여 덜 경쟁하기를 바란다. 따라서 서쪽의 기업 비중 증가는, 만약 이러한 비중 증가가 노동력의 증가에 의하여 상쇄되지 않는다면, 전형적 기업에는 그 입지가 덜 매력적이게 될 것이다. 따라서 입지들 간에 무차별하게 만드는 (기업 입장에서 양 입지의 기업 수와 노동자 수 비중의 조합으로부터 얻는 이득이 같아지는 ; 역해자 주) 기업 비중과 노동력 비중 간의 조합 곡선(FF)은 우상향한다.

노동자들은 주어진 수의 기업들의 수요를 가능하면 보다 적은 수의 노동자들과 공유하기를 원할 것이다. (노동자 입장에서는 기업 수가 같다면 보다 적은 노동자들이 있을수록 노동에 대한 수요가 상대적으로 커지므로 이득이 되기 때문임. ; 역해자 주) 서쪽의 노동력 증가는 그것이 기업 수의 증가에 의하여 상쇄되지 않는다면, 노동자들의 입지를 덜 매력적으로 만들 것이다. 따라서 동쪽과 서쪽 간에 무차별하게 만드는 기업 비중과 노동력 비중 간의 조합 곡선(WW)은 우상향한다.

FF는 WW보다 기울기가 가파르다. 그 이유를 보자. 점2에서 노동자에 대한 기업의 비중은 동쪽과 서쪽에서 같다. 그러나 서쪽은 노동자와 기업을 더 많이 가지고 있다. 이는 서쪽이 보다 양호한 노동시장 풀링을 제공

할 것이며 (규모의 경제와 효율 이득 및 불확실성 완화 ; 역해자 주) 따라서 점2에서 기업과 노동자들 모두 동쪽보다 서쪽을 선호할 것임을 의미한다. 따라서 점2는 FF보다 아래에 있고(서쪽은 기업들에 보다 선호된다) (즉 기업의 입장에서는 점2에서 규모의 경제로 인하여 점1보다 이윤이 보다 많은 유리한 상황이므로, 점2 수준의 노동자 비중을 유지하며 점1과 매력도가 같아지려면 서쪽의 기업 비중이 보다 높아져야 하므로 ; 역해자 주) WW보다 위에 있다.(서쪽은 노동자들에게 보다 선호된다) (즉 노동자 입장에서는 점2에서 노동자 풀링에 따른 효율 이득 및 불확실성 완화−포트폴리오 다양화−가 발생하므로 점1보다 매력도가 높아지므로, 점2 수준의 기업 비중을 유지하며 점1과 매력도가 같아지려면 서쪽의 노동자 비중이 높아져야 하므로 ; 역해자 주) 이는 오직 점1에서 FF가 WW보다 기울기가 가파를 때 가능하다.

이제 이러한 등매력도곡선(schedules of equal attractiveness)으로부터 벗어날 경우 어떤 일이 발생할 것인지 살펴보자. 기업이나 노동자들이나 마찬가지로 보다 매력적인 입지로 이동하려 할 것이다. 그에 따른 동태적 모습이 〈그림 2-1〉에 화살표로 표시된다. (기업 비율이 일정하면 기업은 더 많은 노동자와 결합하려 하고, 노동자 비율이 일정하면 노동자는 더 많은 기업과 결합하려 함. 즉 우상방에서는 기업과 노동 모두 서쪽의 비중을 늘리려 하고, 좌상방에서는 기업은 서쪽의 비중을 줄이려 하는 반면 노동은 서쪽의 비중을 늘리려 하며, 좌하방에서는 기업과 노동 모두 서쪽의 비중을 줄이려 할 뿐 아니라, 우하방에서는 노동은 서쪽의 비중을 줄이려 하는 반면 기업은 서쪽의 비중을 늘리려 함. 결국 각각의 화살표가 지시하는 방향으로 움직이려 함. ; 역해자 주) [중앙, 우상방 모서리 그리고 좌하방 모서리의] 세 개의 균형점이 존재한다. 그러나 중앙의 것은 칼날 위의 불안정한 균형 같은 것이다. 따라서 초기 조건[1]에 따라 기업과 노동자 양자 모두가 [좌하방 모서리의] 동쪽 혹은 [우상방 모서리의] 서쪽으로 집중하는 수렴이 나타난 것이다.

이는 마셜의 노동자 풀링 주장에 대한 대략적인 공식화이다. 물론 미진한 부분이 많다. 이 중 몇 가지를 개선해 보고자 한다.

1-2 노동자 풀링에 대한 추가적 사고

방금 한 이야기에서 가장 미진한 부분 — 즉 마셜도 다루지 않은 — 은 임금 결정에 대한 설명이다. 사실 이것은 이중 이슈이다. 첫째, 이 주장이 경직적 임금과 비청산 노동시장의 가정에 얼마나 의존하는가? 둘째, 착취 — 즉 기업도시에서 수요독점(monopsony) 지위의 기업들의 이득 — 의 이슈는 어떤가?

하나의 특수한 사례가 설사 임금이 신축적이라 할지라도 통합된 노동력을 갖는 게 유리함을 보여주는 데 도움을 줄 수 있다. 우리의 두 기업 모형으로 되돌아가는데, 다만 각 기업이 [앞에서 설명한 사례에서처럼 임금이 노동의 수요와 공급에 의하여 균형에 이르는 일정한 수준에서] 자신이 원하는 수의 노동자를 보유하는 대신 노동에 대한 우하향 기울기의 수

---

1) 앞의 강연에서 언급한 보다 거시적 모형뿐 아니라 입지 모형에서도 역사에 대립되는 것으로서 자기완결적 예언, 즉 기대의 이슈가 분명히 있다. 나는 이 이슈가 배후에 도사리고 있다는 점이 이해된 것으로 간주하고, 기대 문제를 무시하는 임시방편적인 동학으로 나아갈 것이다.

요를 갖는다고 가정하자. 임금은 신축적이라고 하고 수요독점의 잠재력은 무시하자. 그러면 기업들이 상이한 장소들에 입지하는 경우에 더 이상 실업이나 노동력에 대한 초과수요는 존재하지 않을 것이며, 대신 지역 임금률은 변동할 것이다.

그러나 그 기업들이 통합된 노동시장을 형성한다면 임금률은 덜 변동할 것이다. 위험을 회피하려는 노동자들은 이것을 선호할 것이다. 그러나 이것을 넘어 기업들은 자신들의 이득이 커졌음을 알게 될 것이다. 이것을 보기 위하여 두 기업의 노동 수요가 완전히 역으로 상관되어 있고, 따라서 통합된 경우의 임금률이 결코 변동하지 않는 그러한 극단적 경우를 상정해보자. 평균임금은 [고립된 시장이나 통합된 시장이나] 동일하게 될 것이나[2], 이것은 기업들을 무차별하게 만들지는 않는다.

〈그림 2-2〉를 보자. 이는 호황기와 불황기의 노동 수요를 보여준다. 기업이 고립되어 있다면 높은 호황기 임금과 낮은 불황기 임금을 지급하며 항상 동일한 수의 사람들을 고용할 것이다. 만약 통합시장의 일부라면 두 시장의 평균에 해당하는 고정임금을 지불할 것이다. 그러나 이제 호황기에는 보다 많은 노동자를, 그리고 불황기에는 보다 적은 노동자를 고용할 것이다. 그 결과 호황기에 지불하는 낮은 임금으로부터 기업이 얻는 이

---

2) 실제로 평균임금률을 불변인 채로 두기 위해서는 노동수요곡선의 선형성과 충격들의 가산성(加算性, additivity)를 가정해야 하지만, 기본 요점은 《부록 C》에서 보듯이 이와 상관없이 성립한다.

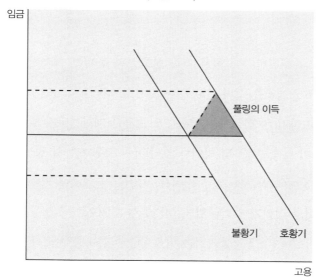

〈그림 2-2〉

풀링의 이득

불황기　호황기

임금

고용

득은 불황기에 지불하는 높은 임금으로 인하여 치러야 하는 손실보다 더 크다. 그림에서 순이득(즉 '통합노동시장에서 호황기 생산자 잉여 - 고립된 시장에서 호황기 생산자 잉여' + '통합노동시장에서 불황기 생산자 잉여 - 고립된 시장에서 불황기 생산자 잉여' ; 역해자 주)은 음영으로 처리된 삼각형 영역에 의하여 측정된다.

이는 극단적 예이지만 보다 일반적인 점을 보여준다. 노동자 풀링으로부터의 이득은 어떠한 본질적 면에서도 노동시장 균형의 실패에 의존하지 않는다. (즉 마셜의 첫째 미진한 부분에 대한 설명으로, 고정된 임금에 의존하지 않는다. ; 역해자 주)

수요독점은 어떤가? 기업들은 자신들이 착취할 수 있는 '포획된 노동력'(기업도시에서 지역의 유일한 기업 외에는 선택의 여지가 없는 노동력 ; 역해자 주)을 갖고자 하지 않을까? 다른 것들이 같다면, 그렇다. 그러나 다른 것들이 같지 않을

것이다. ─ 그리고 사실 수요독점 이슈가 실제로 지역화의 추가적 이유로 작용한다.[3]

이유를 알기 위하여 풀링에 대한 불확실성 동기를 제거하고, 기업들이 노동수요 스케줄을 이미 알고 있다고 가정하자. 그렇지만 그들은 임금을 낮게 유지하기 위한 노력의 일환으로 고용을 제한하고자 할 것이기 때문에, 대개 이 스케줄로부터 벗어나 있기 마련이다. 제한의 정도는 기업들 간 경쟁의 정도에 의존할 것이며, 이는 아마도 각 입지에 얼마나 많은 기업들이 존재할 것인가에 의존할 것이다.[4] 따라서 기업과 노동자 수의 같은 비율의 증가는 노동자들에게는 이득이나 기업에는 손해가 될 것이다. 따라서 〈그림 2-1〉과 같은 형태인 〈그림 2-3〉에서 *FF*와 *WW*는 모두 45도 선보다 기울기가 더 완만하게 표시되었다. (즉 기업 입장에서는 점1과 이익 수준이 같으려면 기업 비중의 증가가 노동자 비중의 증가보다 적어야 하고, 노동자 입장에서는 점1과 이득 수준이 같으려면 기업 비중 증가보다 노동자 수 비중 증가가 커야 하기 때문임. : 역해자 주)

---

3) 이 점은 처음에 로템버그와 살로너(Julio Rotemberg and Garth Saloner 1990)가 지적하였다. 그들의 모형의 형식은 내가 제기한 것과 달랐으나 나는 그들 분석의 변형을 제시하고 있을 뿐이다.

4) 노동시장에서 경쟁의 성격을 표현하는 것은 까다롭다. 로템버그와 살로너는 베르트랑 모형 (Bertrand competition)을 가정하는데, 그러면 기업 수가 하나에서 둘로 될 때 임금은 유보임금 (reservation wage) (노동자가 고용을 통하여 받고 싶어 하는 최소한의 임금으로서 고용에 대한 기회비용으로 볼 수 있음. ; 역해자 주)에서 경쟁 수준으로 된다. 이는 다소 극단적으로 보인다. 그러나 《부록 C》가 보여주듯이 마찬가지로 우아한 대안을 제시하기는 어렵다. 이러한 연습을 위하여 나는 단지 기업 수가 증가함에 따라 착취는 감소한다고 가정하려 한다.

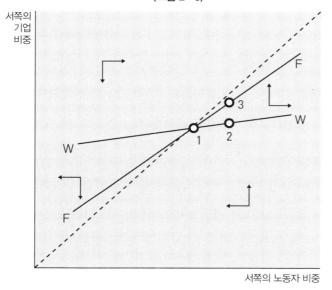

〈그림 2-3〉

그러나 *WW*보다 *FF*를 더 가파르게 표시한다. 즉 서쪽 노동력 비중의 증가는, 노동자들로 하여금 동쪽과 서쪽 사이를 무차별하게 만들 만큼 충분히 큰 서쪽 기업 비중의 증가에 의하여 상쇄되어 기업들에 서쪽을 보다 매력적인 입지로 만들 것이다.

그 이유를 알기 위하여 그림에서 점1과 점2를 비교하자. 박스의 중심인 점1에서 임금률과 전형적 기업의 이윤은 동쪽과 서쪽에서 같다. 점2에서는 서쪽이 보다 많은 수의 기업들에 의하여 상쇄되는 보다 많은 노동력을 갖는데, 임금률은 여전히 점1과 같다. — 따라서 노동자들은 [등매력도−임금−곡선상에 있으므로] 여전히 무차별하다. 그러나 기업들은 임금을 낮게 유지하고자 고용을 제한하는 데 덜 간여하기 때문에 (더 고용하더라도 임금률이 오르지 않기 때문에 ; 역해자 주) 설사 동일한 임금을 지불한다고 해도 서쪽에서 이득이 보다 많다. [점2에서] 기업의 수는 노동자의 수에 비례하여 늘지 않았기 때문에 각 기업은 [기업당 노동자 수가 증가하므로] 보다 많은 고용을 갖게 된다. 노동자들이 [기업 수보다 상대적으로 많아서] 그들의 한계생산보다 덜 지급받기 때문에 이는 곧 보다 높은 이윤을 의미한다. 따라서 기업들로 하여금 서쪽과 동쪽에 무차별하게 만들기 위해서는, 예를 들면 점3과 같이 서쪽의 노동력 증가를 기업 수의 보다 많은 증가를 통하여 상쇄할 필요가 있다. 따라서 FF는 45도보다 완만하지만 WW 보다는 가파르게 된다.

다시 이 동학은 화살표로 표시된다. 중간의 균형은 불안정하며 그래서 이 산업은 동쪽 혹은 서쪽에 집중하게 됨을 보여준다. 그러나 이 사례에서 불확실성은 가정에서 배제하였기에 산업을 집중하는 데 따른 풀링 이득은 없다. 대신 산업 집중은 전적으로 노동시장의 '시장 지배력'의 이슈에 의하여 이루어진다. 기업들이 [노동자를 독점하고자 하는] 수요 독점력 때문에 기업도시를 선호한다는 [따라서 노동자 풀링이 발생하지 않는다는] 직관적 주장은 분명히 오류이다.

왜 이렇게 될까? 이에 대하여 생각하는 방식의 하나는 다음과 같다. 덜

---

5) 로템버그와 살로너(Rotemberg and Saloner)의 표현에서 노동자들은 이동가능하지 않지만, 이동불가 노동자들은 산업 고유의 인적 자본에 투자해야 할지 여부를 선택해야 한다. 기초적 원리는 같다.

경쟁적인 노동시장을 선호하고 따라서 양 입지에서 생산하는 것을 선호하는 기업들과, 보다 경쟁적인 시장과 한 입지에 보다 집중된 기업들을 선호하는 노동자들 간의 줄다리기가 있다. 보다 경쟁적인 노동시장이 또한 보다 효율적이기 때문에 노동자들이 이 줄다리기에서 이긴다. 기업들이 공모하지 않고 입지를 선택하는 상황에서는 이 효율이득은 결정적으로 집중된 해결 (노동자 풀링 ; 역해자 주)로 저울을 기울게 한다.

이 이슈를 생각하는 아마도 더 심오한 방식은 신뢰성의 관점이다. 기업들은 노동자들에게 자신들이 수요독점력을 발휘하지 않을 것이라고 설득하고 노동자들을 그들의 입지로 유인할 수 있다.[5] 그러나 이렇게 하는 가장 믿을 만한 방식은 그 입지에 충분한 기업들이 입지하도록 하여 노동자들에 대한 경쟁을 보장하는 것이다. 노동자들을 착취할 수도 있는 기업도시를 기업들이 갖고자 한다는 상식적 아이디어는 맞다. 그러나 요점은, 노동자들이 할 수만 있다면 그러한 도시를 피하려고 하며, 따라서 기업들은 [노동자에 대한 기업의 수요 독점이 가능한] 기업도시가 아닌 집적된 센터들에 입지하는 것이 이득이라는 것을 결국 알게 된다는 점이다.[6]

---

6) 물론 기업도시는 존재한다. 대충 보면 그들이 다음의 둘 중 한 가지 이유로 생겨나는 듯하다. 첫째, 개별 공장들로 하여금 산개된 지역에 입지하도록 만드는 고유한 자연적 우위가 있을 수 있는데, 수력을 동력으로 하는 뉴잉글랜드(New England)의 섬유도시들의 사례가 해당된다. 둘째, 한 산업의 규모의 경제가 매우 커서 단일 기업이 해당 산업을 지배하고 풀링을 달성하고자 로체스터(Rochester)의 코닥(Eastman-Kodak)과 시애틀(Seattle)의 보잉(Boeing)처럼 공장들을 집적할 수 있다.

마셜이 비록 정교한 모형으로 설명하지 못했다고 해도 그가 품었던 생각은 올바르다. 임금률이 유연한 경우를 고려해도 마셜의 당초 유연하지 않은 경우만을 고려한 것과 다름없는 결론에 도달하기에 그의 노동자 풀링에 대한 생각은 여전히 유효하다. 기업들이 수요독점력을 발휘하려고 시도할지 모른다는 가능성에 대한 고려는 실제로 [효율이득으로 인하여 노동자 풀링으로 귀결되므로] 이야기를 더욱 설득력 있게 만든다.

1-3 중간 투입물

마셜의 집적(agglomeration) (앞에서 언급한 집중과 같은 의미이며, 보다 정확하게 는 특정 지역에 특정 산업이 집중하는 지역화와 같은 의미임. ; 역해자 주)에 대한 두 번째 이유인 전문화된 투입물과 서비스의 확보 가능성은 충분히 당연해 보인다. 지역화된 산업은 보다 전문화된 지역 공급자들을 뒷받침할 수 있으며, 이것은 다시 해당 산업을 보다 효율적으로 만들고 지역화를 강화시킨다.

그러나 해명이 필요할 수도 있는 두 가지 점이 있다. 첫째, 노동자 풀링 이야기와 같이 중간재 이야기는 최소한 어느 정도의 규모의 경제에 크게 의존한다. 중간 투입물 생산에 규모의 경제가 전혀 없다면, 심지어 하나의 소규모 생산센터조차도 대규모 센터를 축소판으로 복제해서 여전히 동일한 수준의 효율을 달성할 수도 있을 것이다. 대규모 생산센터로 하여금 소규모 센터에 비하여 보다 효율적이고 보다 다양한 공급자들을 보유할 수 있도록 만드는 것은 오직 수확체증의 존재뿐이다.

둘째, 중간재 이야기는 중간재와 최종재 간 수송비의 어느 정도의 비대칭성 (중간재와 최종재 둘 중 하나는 무역 가능하지 않아서 수송비가 높고 다른 하나는 무역 가능하여 수송비가 낮은 ; 역해자 주) 에 의존하지는 않는다. 웨버(Weber) (공업입지 이론을 정립한 독일의 경제학자로서 총수송비가 최소가 되는 지점이 최적입지라는 최소비용 원리를 주장하였는데, 이에 따르면 원료의 특성에 따라 최소 수송비의 입지가 달라짐. ; 역해자 주) 스타일의 수송비 최소화론은, 최종재보다 중간재의 수송비가 더 들 경우에만 지역화된 산업 콤플렉스들이 나타날 것이라고 제시할지도 모른다. 이는 불행히도 헬프만과 나(Elhanan Helpman & Paul Krugman 1985)의 연구를 포함한 일부 무역 모형에 의하여 강화되었을 것 같은 인상이다.

우리의 국제무역 모형에서는 중간재는 무역 가능하나 최종재는 무역 가능하지 않는 경우 — 따라서 개별 국가 수준에서보다는 세계 수준에서 외부경제를 실제로 유발하였던 (즉 중간재의 무역이 가능해짐으로써 최종재의 국가 간 차이는 없어짐. ; 역해자 주) – 와 그 역의 경우(중간재는 무역 가능하지 않지만 최종재는 무역 가능한 ; 역해자 주) 즉 [헥셔오린 모형이나 리카아도 모형과 같이] 국가적인 산업 콤플렉스들의 형성을 유도한 경우를 대조하였다. 이러한 두 극단적 경우를 강조하는 것은 편리성 때문이었다. 즉 무역 가능하지만 일정한 비용이 드는 재화보다는 완전히 무역 가능하거나 완전히 무역 불가능한 재화를 모형화하는 것이 더 쉽다. 불행히도 이 접근은 공급자들의 클러스터링에 기인한 지역화(즉 국가별 산업 콤플렉스의 형성과 이를 기반으로 한 비교우위로 발생하는 최종재의 무역 : 역해자 주) 가 오직 중간재의 수송비용이 특히 높은 [따라서 중간재 무역이 가능하지 않은] 특수한 경우에만 발생한다는 인상을 준다.

이는 잘못된 인상이다. 사실 지역화는 중간재의 수송비가 최종재의 수송비보다 특히 낮지 않다면 (낮다면 사실상 생산요소의 이동이 자유로운 것이고 세계적 수준에서 규모의 경제를 달성하기 용이하게 하는 반면, 생산요소의 불균등 분포가 수반하는 효과가 크게 감소하여 지역화는 약화됨. ; 역해자 주) 발생하는 경향이 있을 것이다. 그리고 중간재와 최종재 모두 수송비의 전반적 하락은 대체로 지역화를 억제하기보다는 촉진하는 경향이 있을 것이다.

그 이유를 보기 위하여 중간재와 최종재가 동일한 까다로운 모형을 고려하는 것이 유용하다. 각각 최종재이자 동시에 여타 재화들의 투입재 (중간재 ; 역해자 주) 로서 수요되는 일단의 생산물 그룹을 생각해보자. 예를 들어 이 그룹의 전형적 생산물은 총 10이 판매되는데, 이 중 4는 이 그룹의 여타 생산물의 제조업자들에게 [중간재로서] 판매된다고 가정하자. 따라서 그에 상응하여 이러한 10단위를 생산하려면 중간재 4단위가 필요하며, 이 중간재는 다시 동일 산업에서 공급된다고 가정하여야 한다. 각 재화를 최종재이자 중간재로 만듦으로써 교역가능성의 측면에서 중간재와 최종재가 대립이 되도록 더 강하게 가정하였음을 주목하라.

이제 두 개의 가능한 생산입지들이 있고 각 입지는 절반의 최종수요, 즉 3단위의 각 생산물의 입지이기도 하다고 가정하자. 기업은 어디에 입지하고자 할까? 대답은 다른 기업들의 결정에 의존할 것임이 명백하다. 다른 기업들이 동쪽에 있다면 총수요 10단위 중 7단위는 동쪽에 있게 될 것이며(최종재 3단위와 중간재 4단위) 이는 한 기업에 역시 동쪽에 자신의 생산을 입지하도록 만드는 유인을 부여할 것이다. (생산물에 대한 수요가 크다는 점에서 전방 연관효과 ; 역해자 주) 이 유인은 기업들의 모든 중간재 공급이 동쪽에서 오게 될 것이며 (생산에 필요한 투입물들이 모두 조달될 수 있다는 점에서 후방 연관효과 ; 역해자 주) 그 결과 거기서 더 저렴해질 것이라는 사실에 의하여 더욱 강화될 것이다. 따라서 생산을 집중하게 만드는 유인을 제공하는 전후방 연관효과가 발생하게 될 것이다. 물론 다른 방식으로 최종수요에 더 가깝게 이동하도록 만드는 유인도 있을 것이다.

이는 익숙하게 들릴 것이다. 즉 제1강연에서 스케치되었고 《부록 A》에서 정식으로 도출되는 중심-주변 모형과 놀라울 정도로 같은 것으로 들린다. 사실 중심-주변 모형과 형식상 완전히 유사한 중간재와 산업입지의 모형을 구성하는 것은 가능하다. 우리가 이 모형에 대하여 이미 어느 정도 알기 때문에 도움이 된다. 특히 우리는 중심-주변 패턴의 형성에 대한 예상이 [수송비가 낮을수록 중심-주변 패턴이 잘 형성된다는 점에서] 수송비와는 부(negatively)의 의존관계, 매이지 않은 수요의 비중과는 [이 비중이 높을수록 중심-주변 패턴이 잘 형성된다는 점에서] 정(positively)의 의존관계 그리고 규모의 경제의 중요성에는 정의 의존관계에 있다는 것을 안다. 만약 이 변수들이 적합하게 재해석된다면 동일한 것이 여기서도 사실이 될 것이다. 특히 중심-주변 모형에서 제조업의 비중이 수행하는 역할이 여기서는 해당 산업에서 직접적으로 최종재가 아닌 중간재로 이용되는 산출액의 비중으로 치환될 뿐이다. 이렇다고 할 때 중간재 수송비용이 최종재 수송비용과 함께 하락한다 해도 수송비의 하락이 산업의 지역화를 더 용이하게 한다.

지난 강연에서 19세기에 거시적 수준에서 지리적 집중의 출현을 야기하였다고 내가 주장했던 것과 동일한 역사적 힘 – 수송비 하락, 산업화 및 증가하는 규모의 경제 — 이 제조업 벨트 내에서도 산업의 지역화를 증가시켰다는 것 또한 흥미롭다. 유일한 차이는 수요에서 제조업 제품 그 자체의 비중이 증가하는 대신 여타 공산품의 투입물로서 이용되는 공산품들의 비중이 증가한다는 점이다. 그러나 중간재 비중의 증가는 물론 미국 경제의 산업 생태계가 보다 다변화되고 복잡해짐에 따라 발생하였다. 따라서 산업입지, 즉 특정 도시 혹은 구역에서의 지극히 독특한 산업 특성들의 등장이 20세기말 미국 경제의 특징이 되었다는 것은 놀라운 일이 아니다.

1-4 기술적 파급

나는 많은 경제학자들이 최우선 순위로 제기하는 지역화의 요인, 즉 인접 기업들 간의 지식 파급으로부터 발생하는 다소 순수한 외부성을 마지막 순위로 유보해두었다. 다수의 정책 논의에서 첨단기술이 강조되고, 실리콘밸리와 보스톤의 루트128과 같은 클러스터들의 지명도가 높아서, 기술적 외부성은 가장 당연히 언급되어야 할 것으로 되었다. 더욱이 전통적 배경을 갖는 경제학자들은 여전히 자신의 모형에서 완전경쟁을 유지하려는 갈망을 갖는데, 순수하게 기술적인 외부성은 이것을 가능하게 한다.

그러나 나는 몇 가지 이유로 순수한 기술적 외부경제성을 첫째가 아니라 마지막에 두도록 선택하였다. 첫째, 미국 내에서 현재 고도로 지역화되어 있거나 과거에 그러했던 산업의 다수는 첨단산업 부문이 아니었다는 점이다. 실리콘밸리는 유명하다. 그러나 조지아 주 돌턴 주변의 카펫 생산자들, 로드 아일란드(Rhode Island)의 프로비던스(Providence) 주변의 보석 생산자들, 뉴욕의 금융 서비스 부문 그리고 매사추세츠 주의 신발 또는 애크런(Akron)의 고무와 같은 산업들에서도 그러한 정도의 두드러진 집중이 발견될 수 있다. 첨단기술과 관련된 것 이외의 지역화 요인들이 매우 강하다는 것이 명백하다.

둘째, 원칙적으로 나는 가정이 아니라 모형화할 수 있는 종류의 외부경제성들에 대하여 먼저 초점을 맞추고자 노력해야 한다고 생각한다. 노동자 풀링 또는 중간재 공급은 원리상 해당 산업 기술의 지식이 주어진 것으로 할 때 직접 고찰하고 예측하는 것이 가능한 것들이다. 다른 측면에서는 이러한 요인들의 구체성은 우리가 가정할 수 있는 것들에 대하여 제약을 가한다. 지식의 흐름은 이와는 대조적으로 보이지 않는다. 즉 측정되거나 추적할 수 있는 문서 자국을 남기지 않으며, 이론가가 무엇을 가정하든 방해하지 않는다. 사회학자는 서베이 방식으로 도움을 줄 수 있을지 모른다. 그러나 나는 다른 사회과학자들에게 넘기기 전에 재미는 없지만 현실적인 경제적 분석을 하고 싶다. (즉 먼저 구체적 현실에 근거하여 일정한 틀로서 규정할 수 있는 노동자 풀링이나 특화된 중간재를 검토한 후 불확실한 순수 외부경제를 검토해야 보다 현실에 부합하는 모형을 만들 수 있음. ; 역해자 주)

마지막으로 첨단기술은 유행을 타며, 나는 우리 모두 유행을 타는 아이디어와 싸우는 데 의도적인 노력을 기울여야 한다고 생각한다. 새로움에 대한 경이가 회자되고 모든 것이 이제 다르다는 쉬운 가정들을 하는, 일종의 손쉬운 대세 유형의 생각에 빠지는 것은 너무 쉬운 일이다. 물론 세계는 변화하였다. 그러나 대규모 집적회로의 도래 이전에도 세계는 매우 경이로운 곳이었으며, 첨단기술 산업들조차 구식의 경제적 요인들에 반응하고 있다.

따라서 나는 진정한 기술적 파급들이 일부 산업들의 지역화에서 중요한 역할을 수행한다는 것을 확신하지만, 어느 누구도 이것이 — 심지어 첨단기술 산업들 그 자체에서조차 — 지역화의 전형적 이유라고 가정해서는 안 된다.

02
일부 경험적 증거들

　나는 미국 내 산업의 지역화 정도에 대한 몇 가지 사실에 대하여 암시하였다. 그러나 어떠한 종류의 사실들을 우리가 실제로 갖고 있는가? 내가 비록 엄정성이 결여되었음에도 불구하고 중시하는 한 종류의 증거는 사례연구들로 이루어진다. 특히 어떤 종류의 모형을 써야하는지 의견을 내는데는 어느 정도의 역사적 깊이를 가진 특정 산업들이 특정 지역들에 어떻게 입지하게 되었는가에 대한 사례들의 묶음보다 더욱 좋은 것은 없다. 그리고 그 이야기들은 종종 재미있기도 하다. 그러나 이야기들로 돌아가기에 앞서 내가 행한 매우 예비적인 통계적 작업에 대하여 논하고 싶다.

　이 작업의 목표는 두 가지 질문에 답하는 것이다. 첫째, 전형적 미국 산업은 얼마나 지역화되었는가? 디트로이트 근처의 자동차 집중이나 실리콘밸리의 첨단기술과 같은 익숙한 사례들은 정상인가 혹은 예외인가?

　둘째, 어떤 산업이 고도로 지역화되었는가? 지역화된 산업들은 전형적으로 첨단기술 부문(기술적 파급모형을 지원하는)인가 혹은 통상적인 부문인가? 그들은 첨단숙련 노동력을 이용하는 산업인가, 아니면 일반 노동자들을 사용하는 산업인가?

내가 이러한 질문들에 접근하였던 기법은 가능한 한 다수의 미국 제조업 산업들에 대하여 '입지 지니계수'(locational Gini coefficients)를 구축하는 것이다. 한 산업의 입지 지니곡선은 다음과 같이 구축된다. 첫째, 우리 표본의 각 입지단위들에 대하여 전국 총제조업 고용에서의 비중과 한 산업에서 전국 고용에서의 비중을 모두 측정한다. 그리고 이러한 두 수치에 따라 각 단위들의 순서를 매긴다. 끝으로 순서에 따라 총고용에서의 비중 합과 해당 산업에서의 고용 비중 합 모두의 누적 총합을 구한다.

예를 들어 세 지역이 있다고 가정하자. 지역1은 총제조업 고용의 20%를 차지하고 있지만, 어떤 장치산업 고용의 50%를 차지한다. 지역2는 총제조업 고용의 40%를 차지하고 있고 어떤 장치산업 고용의 40%를 차지한다. 지역3은 총제조업의 나머지 40%를 차지하고 어떤 장치산업 고용의 나머지 10%를 차지한다. 그러면 그에 따른 (지니)곡선은 〈그림 2-4〉에 표시된 바와 같이 된다. 어떤 장치산업의 지리적 분포가 총제조업 고용의 비중과 비슷할수록 이 곡선은 45도 선과 가깝게 위치할 것이다. 그러면 여기에 하나의 분명한 지역화 지수가 보인다. 즉 지니곡선과 45도 선과의 면적이 그것이다. 어느 하나의 산업도 결코 지역화되지 않은 채 단지 총고용에 비례하여 분포되면 지수는 0이 될 것이다. 총고용의 일부만 입지한 지역에 거의 전적으로 한 산업이 집중되면 지수는 0.5에 근접할 것이다.

이러한 지수를 만듦에 있어서 나는 미국의 주별로 구분된 3단위 (digit) (산업분류 기준에 따른 것으로 통상 1단위는 대분류, 2단위는 중분류, 3단위는 소분류에

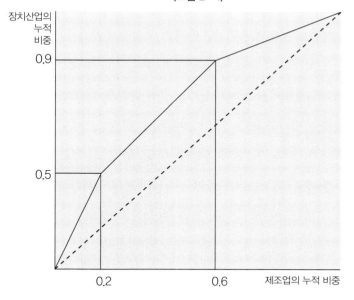

〈그림 2-4〉

장치산업의
누적
비중

0.9

0.5

제조업의 누적 비중

0.2   0.6

해당되며, 대분류에서 밑으로 내려갈수록 산업이 보다 구체화됨. ; 역해자 주) 산업들에 대한 자료를 이용하였다. 이는 단지 예비적 단계에 불과하다. 비록 이해를 돕기는 하지만 결과를 불분명하게 만드는 몇 가지 문제들이 있다.

첫째, 자료에는 몇 가지 중요한 허점들이 있다. 미국 인구조사국(Bureau of Census)은 비밀 보장의 확신을 위태롭게 할 정보를 공개하지 않는다. 놀랍게도 이는 큰 주들과 대규모 산업들의 수준에서조차 영향을 미친다. 예를 들면 (보잉에 대하여 많이 드러내지 않기 위하여) 워싱턴의 항공 산업과 (코닥을 보호하기 위하여) 뉴욕의 사진장비 산업에 대한 자료를 알려주지 않는다. (이들 산업은 매우 독과점적 성격이 강해서 해당 지역의 동종 산업에는 해당 기업이 거의 유일하게 존재하기에 그 자료를 공개할 경우 해당 기업의 비밀이 유출될 우려가 있어서 정보를 공개하지 않음. ; 역해자 주) 이들은 산업입지의 주요한 사례들이며 사실 고전적인 것들이다. 불행하게도 이들은 통계적 분석에서 제외되어야 한다. (이들 기업은 사실상 가장 지역화 수준이 높은 산업임에도 불구하고 제외되고 있다는 것임. ; 역해자 주)

둘째, 산업의 정의에는 문제가 많다. 3단위 산업은 쓸모없지는 않지만 이상적인 것과는 거리가 멀다. 모조보석과 같은 전통적 산업은 매우 적은 고용에도 불구하고 하나의 3단위 산업 범주를 차지하고 있는 반면, 실리콘밸리와 루트128은 모두 전자부품이라는 큰 범주에 묻혀있다. 보다 의미 있는 비교를 위하여 분리하고 다시 묶는 것이 이상적이나 나는 그렇게 하지는 않았다.

마지막으로 주(state)들은 실제로 올바른 지리적 단위들이 아니다. 무엇보다도 주들은 인구가 매우 불균등하여 산업 비교에 왜곡을 가져온다. 캘리포니아의 작은 도시 주변에 완전히 집중된 한 산업은 [미국에서 가장 면적이 작은 주로서 캘리포니아의 작은 도시들과 규모가 비슷한] 로드아일랜드 주의 그와 유사하게 집중된 산업만큼 높은 입지지니를 만들어내지 못한다. 둘째, 경제적 지역들은 주의 경계를 존중하지 않는다. 자료에서 매우 강하게 나타나는 섬유 콤플렉스는 남동부의 피드몬트(Piedmont) (대서양 연안평야와 애팔래치아 산맥 사이에 위치하는 고원 지대로서 북으로는 뉴저지 주에서 남으로는 앨라배마 주에 이르는 넓은 지역에 걸쳐 있음. ; 역해자 주) 지역을 차지하고 있는데 주들의 비교는 실제로 (위치와 수학적 의미 모두에서) 그 조밀함을 제대로 보여주지 못한다.

모든 이러한 제약에도 불구하고 심지어 이 예비적 계산으로부터 우리는 많은 것을 배울 수 있다. 106개의 3단위 산업들이 ≪부록 D≫에 보고되어 있는데, 거기에는 산업의 총고용과 세 곳의 선두 주들의 고용이 나와 있다.

그 결과로부터 나오는 첫째 인상은, 다수의 산업들이 지리적으로 정말 고도로 집중되어 있다는 점이다. 자동차 산업은 유용한 기준을 제공한다. 그것은 유명하게 지역화된 산업이다. 모타운(Motown)(대표적 자동차 도시인 디트로이트 Detroit의 별칭; 역해자 주)의 전성기 이래 일부 분산이 있었지만, 총고용의 절반은 여전히 남부 미시간의 전통적 자동차 지구와 인접한 인디애나 및 오하이오의 지역들에 입지하여 있다. 따라서 자동차가 특별히 지수가 높은 산업으로 예단할 수도 있을 것이다. 그러나 그렇지 않다. 그것은 단지 중간치를 약간 넘을 뿐이다. 요점은 자동차 생산이 고도로 지역화되지 않았다는 점이 아니다 — 그것은 지역화되었다. 그러나 다수의 다른 산업도 그렇다.

자료의 두드러진 또 다른 특징은, 고도로 집중된 산업들이 최고의 첨단기술 부문들이 아니라는 점이다. 사실 이 표에서 튀는 것은 첨단기술 산업들의 지역화가 아니라 섬유 관련 산업들의 클러스터인데, 이들 모두는 거의 동일한 장소, 즉 캐롤라이나와 조지아의 피드몬트 지역에 모여 있다. 나의 지니계수 순위에 따른 상위 20개 산업들의 절반은 피드몬트 섬유 부문들이다.(곧 보게 되겠지만 피드몬트에 있는 이 그룹의 특정 산업들은 상당히 지역화되어 있다. 그러나 그것은 잠시 제쳐놓자.)

이 표가 구성된 방식에는 아마도 첨단기술 산업들의 지역화를 찾아내는 데 불리한 왜곡이 존재한다. 한 가지는, 지리적으로 유명하게 지역화된 두 개의 첨단기술 산업들이 자료 유보로 인하여 이 표에서 제외되어야 했다. 즉 보잉의 시애틀 시설들이 지배하는 항공기산업과 코닥의 로체스터 콤플렉스로 이루어진 사진장비업이다. 물론 이들은 지리뿐 아니라 소유권도 집중된 산업들이다.

보다 중요한 것은 분류체계가 매우 오래되었다는 사실인데, 이는 매우 소규모 전통산업들이 여전히 자신의 3단위 코드를 유지하고 있는 반면, 첨단부문들은 의미 없는 집계에 묻혀 있음을 의미한다. 실리콘밸리와 루트128은 진정으로 충분히 지역화되어 있지만 통계에서 그들을 발견할 수 없다.

나는 오해 받기를 원하지 않는다. 이 증거는 첨단기술 산업들이 지역화되지 않았다는 것을 보여주지는 않는다. 이것이 보여주는 것은 단지 저기술 산업들도 지역화되었다는 점이다. 산업을 한 지역에 집중시키는 것은 기술적 파급의 문제만은 아니다.

여기까지가 이 강연에서 내가 이 통계적 작업으로 하고자 하는 일이다. 다음 강연에서 나는 미국 지역 자료에 되돌아갈 것이다. 그러나 지금은 재미있는 부분에 들어가 이야기를 하고자 한다.

2-1 사례 연구 : 일부 역사적 사례

지리적으로 고도로 집중된 것으로 드러난 피드몬트 섬유산업 중 하나는 카펫 산업이다. 내 조교는 이 산업에 대한 후속 연구를 수행하였으며, 지역화를 생성하는 역사적 우연의 역할과 누적적 과정에 대한 고전적 사례를 밝혀냈다. 캐서린 에반스와 그녀의 침대보에 대하여 돌아가 보자.

이 강연의 첫머리에서 언급하였듯이 1895년 10대의 에반스 양은 선물로서 침대보를 만들었다. 받는 사람들과 이웃들은 이 선물에 기뻐하였고, 그 후 몇 년간 에반스 양은 다수의 술이 달린 물건들을 만들어냈는데 1900년에는 술들(tufts)을 안감에 고정하는 기술을 발견했다. 그녀는 이제 침대보를 팔기 시작했으며, 나아가 그녀와 친구들과 이웃들은 수공사업에 착수하였는데 인근 이웃들을 넘어서서 물품들이 팔리기 시작했다.

수공산업은 1920년대에 셔닐(chenille) (솜털로 된 실과 이것을 씨실로 해서 짠 직물의 총칭 ; 역해자 주) 스웨터의 수요 급증에 부응하고자 술이 이용되면서 부분적으로 기계화되기 시작하였다. 그러나 생산은 여전히 개별 가구에서 이루어졌다.

그러나 2차 대전 직후 술이 붙은 카펫(tuffed carpet)을 생산하는 기계가 발명되었다. 그때까지는 기계로 만든 카펫은 직조되는 방식이었다. 술을 다는 것이 직조하는 것보다 훨씬 싸졌다. 술을 다는 기술에 대하여 알고 있고 그 새 기계의 잠재력을 재빨리 파악하는 사람들이 어디에 있었겠는가? 1940년대 후기와 1950년대 초 다수의 소규모 카펫 기업들이 돌턴 시와 인근에서 안감, 염색 등을 제공하는 기업들을 지원하는 클러스터와 함께 등장하였다. 기존 카펫 생산자들은 처음에는 직조하는 것을 고수하였다. 그들은 궁극적으로는 늦게 시작한 돌턴의 기업들에 밀려서 사업에서 퇴출되거나 전통적인 북동부의 지역에서 돌턴으로 작업장을 옮겼다. 그래서 그 작은 조지아의 도시가 미국의 카펫 수도로 부상하였다.

이는 사랑스러운 이야기이며 매우 전형적인 것이다. 미국 내 산업화의 모든 과정은 한두 개의 영속적인 생산센터의 조성으로 귀결되는 작은 우연이라는 유사한 이야기들로 점철되어 있다. 실리콘밸리가 극히 현대적인 종류의 창조물이라고 생각하는 사람이라면 1900년 미국 센서스에 포함된 「산업의 지역화」(Localization of Industries)라는 매력적인 논문을 참고해야 할 것이다. 이 논문은 1900년 열다섯 개의 고도로 지역화된 산업들을 적시하였는데, 뉴욕의 트로이(Troy)에 지역화된 칼라깃과 소맷동, 뉴욕의 인접한 두 개 마을 글로버스빌(Gloversville)과 존스타운에 지역화된 가죽장갑, 매사추세츠 주 북동부의 몇 개 도시에 지역화된 신발, 뉴저지 패터슨의 비단제품, 로드아일랜드 프로비던스와 그 외곽의 보석 그리고 시카고의 농기계 등이 포함된다.

이러한 사례들 각각에서 에반스의 경우처럼 아주 매력적이지는 않지만 유사한 이야기들이 있다. 어떤 우연이 특정 입지에서 해당 산업의 창출을 이끌고 그 후 누적적 과정들이 역할을 떠맡았다. 매사추세츠 주의 신발산업은 그 시작을 웨일즈 출신의 구두공 존 대굴(John Adams Dagyr)에게 힘입은 바가 큰데, 그는 1750년에 사업을 시작하였다. 프로비던스에 보석 산업(이는 여전히 우리의 고도 지역화 산업군 목록에 속하고 있다)이 지배적으로 된 것은, 그 동네 사람이 1794년에 도금기술(filled gold)을 발명하면서부터 시작되었다. 분리 가능한 칼라깃과 소맷동 센터로서의 트로이 지역은 1820년대에 감리교 목사에 의하여 시작되었다.

여기서 경제학자에게 중요한 것은, 물론 초기의 우연이 아니라 그 우연들이 광범위하고 장기에 걸친 효과를 가지도록 한 누적적 과정의 성격이다. 역사적 기록이 보여주는 것은 두 가지이다. 첫째, 그러한 누적적 과정들은 만연되어 있다. 실리콘밸리는 시간적으로나 공간적으로 결코 독특한 것이 아니며 단지 전통적 현상의 현란한 버전일 뿐이다. 둘째, 마셜의 지역화의 요인 중 처음 두 가지인 노동자 풀링과 특화된 투입물의 공급은 순수한 기술적 외부성이 중요하지 않게 보이는 때조차도 큰 역할을 수행한다.

지역화의 기초는 시간이 경과됨에 따라 변화되었는가? 1900년대 이루어진 열두 번째 센서스의 논문의 저자들은 그럴 것이라고 생각했다. 그들은 다수의 고도로 지역화된 산업들이 숙련된 수세공에 크게 의존하는 산업임을 지적했고, 따라서 지역화의 임의적 성격은 삭감되는 경향을 보일 것이라고 예측하였다. 왜냐하면 "기계의 이용이 특화된 숙련 노동 공급의 중요성을 경감시키는 경향을 보였기 때문이다. 산업이 자동화됨에 비례하여 그 지역은 특화된 노동의 공급으로부터 독립적이 된다."

어느 정도까지는 그들이 옳다. 첫째, 각 제조업은 성장함에 따라 집합된 노동시장, 특화된 투입물 그리고 정보파급 등 지역화를 유지하는 요인들에 점점 덜 의존하는 경향이 있음은 의심할 여지없이 사실이다. 예를 들어 미국 타이어 산업을 고려해보자. 1930년 이전에 이 산업은, 상공회의소의 재정적 인센티브 — 산업정책 — 로 벤자민 프랭크린 굿리치

(Benjamin Franklin Goodrich)라는 사람을 끌어들인 애크런(Akron) 시에 극히 지역화되었다. 디트로이트가 번성함에 따라 아크론의 고무센터에는 100개 이상의 기업들이 있게 되었고, 이들은 미국에서 거의 최고 임금을 주며 모든 지역으로부터 이주자들(나의 조부를 포함한)을 끌어들였다. 그러나 시간은 애크런의 편이 아니었다. 타이어 생산이 표준화되어 감에 따라 그것은 탈지역화(분산)되어 시장에 가깝게 이전할 수 있게 되었다. 시장 자체는 자동차 산업이 미국 전역에 걸쳐 조립공장들을 설립해 가기 시작함에 따라 시간의 경과와 함께 분산되었다.

결말은 다소 갑작스러웠다. 대공황은 애크런의 경제에 치명적인 타격을 입혔고 그 지역 고무기업들의 임계치를 명백히 붕괴시켰다. 경제가 다시 회생하였을 때 고무센터로서 애크런의 역할은 이미 사라졌다. 타이어의 주요 생산자 중 어느 기업도 한때 세계의 타이어 수도였던 곳에 입지하여 있지 않다.

애크런의 이야기는 한 산업내의 지역화가 사라지는 사례를 보여주지만 언제나 새로운 산업들이 있다. 디트로이트가 사라지는 반면 실리콘밸리가 부상한다. 사실 부상하는 신산업들이 초기에는 지역화된 산업지역에서 번성하고, 그 후 성숙해짐에 따라 분산하는 일종의 제품 사이클이 존재함에 틀림없다.

2-2 첨단기술 클러스터

지난 세대에 지역화의 익숙한 사례들은 변화하였다. 이제 모타운
(Motown)이나 아이언시티(Iron City) (대표적 제철 도시인 피츠버그 Pittsburgh의
별칭; 역해자 주) 혹은 의류구역(garment district) (패션센터 혹은 의류센터라고도 불
림. 20세기 초반 이래 뉴욕시 맨해튼에 위치한 2.6㎢의 좁은 지역에 의류와 패션 관련 업체들이 집
중하여 입지한 데 따라 붙여진 이름이며, 이후 뉴욕에서 발전된 패션 및 의류 관련 산업의 요람이 되
었음. Wikiprdia, https://en.wikipedia.org/wiki/Garment_District,_Manhattan ; 역
해자 주)에 대해서는 거의 듣는 게 없다.(비록 완화된 형태로 그들이 여전히
존재함에도 불구하고) 대신 모두 첨단산업이다. 실리콘밸리, 루트128, 리
서치트라이앵글(Research Triangle) (미국 노스캐롤라이나 주의 피드몬트 지역에
위치한 연구단지로서, 롤리 시의 노스캐롤라이나 주립대학, 더럼 시의 듀크 대학, 채펄힐 시의 노스
캐롤라이나 대학 등 세 대학을 근간으로 하여 형성됨. Wikiprdia, https://en.wikipedia.org/
wiki/Research_Triangle ; 역해자 주) 등 새로운 클러스터들이 어떻게 오래된 집
적지들과 비교될까?

우선 말할 수 있는 것은 그들의 설립에 대한 이야기가 대체로 덜 낭만
적이라는 점이다. 일반적으로 신첨단기술 클러스터들은 용감무쌍한 개인
들의 산물이라기보다는 선지적 관료들(이것이 모순어법이 아니라면)의
산물이다. 그러나 그밖에는 이야기가 거의 유사하다.

실리콘밸리는 주로 스탠포드 대학의 부총장 프레드 터만(Fred
Terman)의 주도에 의해 창출되었다. 그의 주도로 대학이 휴렛패커드
(Hewelett-Packard)에 초기 지분을 제공하고, 그 기업은 밸리의 핵심

이 되었다. 대학은 또한 대학부지에 유명한 연구단지를 설립하였고, 거기에 처음에는 휴렛패커드, 다음에는 다른 많은 기업들이 운영을 시작하였다. 대학 그 자체를 통하여 주목할 만한 누적과정이 진행되었다. 연구단지로부터의 수입은 스탠포드 대학이 과학과 공학에서 세계적 수준의 위상으로 상승하는 데 필요한 재원 조달을 도왔고, 대학의 위상 제고는 실리콘밸리를 첨단 비즈니스의 매력적 장소로 만드는 데 기여하였다.

루트128은 매사추세츠 공과대학교(Massachusetts Institute of Technology ; MIT) 총장 칼 콤튼(Karl Compton)의 주도 아래 다소 느슨한 방식으로 창출되었는데, 그는 MIT 교수진이 기업가가 되도록 고무하고 민간 벤처자본을 동원하는 데 기여하였다. 마지막으로 노스캐롤라이나의 리서치트라이앵글(North Carolina's Research Triangle)은 실리콘밸리와 루트128을 본보기로 하여 연구단지에 대한 주정부 지원을 통하여 만들어졌다.

이러한 첨단기술 이야기들에서 강조해야 하는 것은, 그 집적과정에서 비첨단 기술요소들의 중요성이다. 실리콘밸리와 루트128 주변 모두에서 핵심적 이점은 일정한 기예를 갖춘 사람들 풀의 존재이다. 예를 들어 보스톤 지역에서 소프트웨어 분야의 성장 기업들은 다양한 세부 학문 분야에서 난해한 지식을 갖춘 사람들을 발견할 수 있을 것이라고 확신해도 무방하다. 동시에 보스톤 지역은 사람들이 이러한 기예를 확보하는 데 투자하거나 혹은 이러한 기예를 갖춘 사람들이 살기에 양호한 지역이었다. 많이들 그런 것처럼 만약 창업기업이 망하면, 다른 지역으로 갈 필요 없이 다른 직장을 찾을 수 있다. 이것은 바로 노동자 풀링 이야기이다. 기예가 신발 제조나 술 담기가 아니라 첨단기술을 포함한다는 사실은 부차적일 것이다.

하나의 일화가 있다. 나중에 *Made in America*라는 베스트셀러를 출간한 MIT 생산성위원회에 참여했을 때, 나는 매우 비첨단으로 보이는 부문들이 첨단 기술들과 별로 다르지 않다고 주장하여 공학자들에게 매우 인기가 없게 되었다. 예를 들면 밀라노의 패션산업을 고려해보자. 고도로 특화된 노동력(디자이너, 패션모델, 봉제사 등), 특화된 공급자(직물, 염색, 장식 등) 그리고 정보에 대한 초기 접근성(무엇이 인기가 있고 무엇이 인기가 없는지)에 의존하는 기업들의 클러스터이다. 나는 밀라노와 루트 128이 경제적으로 유사한 창조물이라고 주장하였다. 공학자들은 내가 바보라고 생각했다.

2-3 서비스업

20세기 후반 우리 노동력의 대부분은 재화보다는 서비스를 만들고 있다. 이러한 서비스의 대부분은 비교역적이고 단순히 재화 생산 인구의 지리적 분포를 따른다 — 패스트푸드점, 보육원, 이혼 변호사들은 거의 제로에 가까운 입지 지니계수를 갖고 있음에 틀림없다. (이들 업종은 수요처가 입지한 현지에서 서비스가 공급되며 따라서 특정 지역에 집중하는 지역화 현상은 타나나지 않음. ; 역해자 주) 그러나 일부 서비스는, 특히 금융 부문에서는 교역가능하다. (특정 입지에 집중하여 어디로도 서비스 공급이 가능함. 즉 지역화되어 있음. ; 역해자 주) 하트포드(Hartford)

는 보험도시이다, 시카고는 선물거래의 중심이다, 로스앤젤레스는 오락수도이다 등등.

오늘날 세계에서 입지의 가장 극적인 사례들은 사실 제조업보다는 서비스업에 기초하여 있다. 동경과 런던은 본질적으로 제조업 도시가 아니다. 실리콘밸리와 루트128은 실제적인 물리적 생산현장이라기보다는 제조업에 서비스를 제공하는 센터에 가깝다. 그리고 기술이 서비스의 지역화를 촉진하는 방향으로 움직이고 있다는 것은 거의 확실하다. 재화의 수송은 지난 80년간 크게 저렴해지지 않았다. 획기적인 혁신은 [주로 19세기에 발명되어 비약적으로 발달된] 철도와 증기선이었으며, 그 이후 모든 것은 단지 약간의 개선일 뿐이다. 그러나 정보 전달능력은 통신, 컴퓨터, 광섬유와 함께 괄목하게 성장하였다.

일부 추세는 가시적이다. 내 학생 중 하나는 남동부 영국의 부의 집중이 증가하는 데 대한 자료를 조사해왔다. 그는 그곳에 집중하고 있는 것은 서비스산업들이며, 반면 제조업은 실제로 다른 쪽으로 움직이고 있음을 발견한다.

요점은 지역화의 논리가 여전히 유사하다는 점이다. 에반스들 - 즉 작고 우연한 사건들 - 이 누적과정을 시작하며, 거기서 다수 기업들과 노동자들의 존재는 더욱 많은 기업들과 노동자들이 특정 입지에 모이는 유인으로 작용한다. 결과적인 패턴은 어느 정도 집계적 수준에서의 기본 자원들과 기술에 의하여 결정된다. 그러나 밑바닥에는 역사와 우연의 두드러진 역할이 있다.

3장

지역과 국가

이 강연은 유럽연합집행위원회(European Commision) (유럽연합 회원국 정부의 상호 동의에 의해 5년 임기로 임명되는 위원들로 구성된 독립 기구로, 유럽연합의 보편적 이익을 대변하는 초국가적 기구임. 법안을 제안하고 결정을 집행하며 조약을 유지할 뿐 아니라 일상적인 실무를 담당함. ; 역해자 주) 본부가 있는 브뤼셀에서 몇 마일 떨어진 곳에서 행해지고 있다. 다소 우스꽝스럽게 표현하면, 위원회의 임무는 내가 지적인 영역에서 시도하는 일을 실질적인 영역에서 하려는 것이라고 할 수 있다. 즉 (유럽내에서) 국제경제학을 제거하고 대신 경제지리학으로 대체하는 것. 만약 당초 예정된 대로 한다면, 그러면 1992년(실제로는 유럽통합조약으로서 마스트리트 조약이 발효된 1993년 11월 1일 ; 역해자 주) 유럽공동체(EC)는 궁극적으로 미국과 같은 통합된 하나의 경제영역 (유럽연합(EU)의 출범을 의미함. ; 역해자 주)으로 될 것이다.

그것은 어떠한 차이를 낳을 것이고 그리고 그것은 과연 좋은 일인가? 국민국가는 내가 지금까지 얘기한 바와 같은 경제지리학의 얘기에서 어디에 적합한가? 제1강연에서 국가를 지역간무역의 이야기에서 제외시키는 것의 유용성에 대하여 말한 바 있다. 이제 그것을 다시 원래대로 되돌리고자 한다.

이것을 함에 있어서 나는 이전 강연들의 순서를 뒤집고자 한다. 그 강연들에서 나는 대체로 보다 명확한 모형을 갖고 있었기 때문에, 지역 발전의 대규모 수준 즉 중심 대 주변의 수준에서 경제지리학의 모형으로 설명하기 시작하였다. 그리고 나서야 산업의 지역화라는 보다 평범한 이슈들에 접근하였다. 오늘 나는 보다 평범하게 출발하고자 하며 그리고 나서 큰 주제로 옮겨가고자 한다.

그러나 그 전에 국가란 무엇인가, 경제지리학에서 정치적 영역들의 역할에 대하여 우리가 어떻게 생각해야 하는가 라는 문제에 시간을 조금 할애할 필요가 있다.

01
국가란 무엇인가

국가가 무엇이 아닌가를 강조하면서 시작해보자. 한 국가는 하나의 지역(region)이나 단일한 입지(location)는 아니다. 즉 지역화와 중심-주변 패턴의 출현을 가져온다고 내가 주장한 외부경제에 대하여 얘기할 때, 정치적 영역들이 그러한 외부경제들이 적용되는 적절한 단위를 규정한다고 가정할 필요는 없다.

예를 들면 내가 지역화경제에 관심이 있다고 생각해보자. 이 지역화경제는 표준적인 노동시장 풀링, 중간재 공급 및 지식파급이라는 마셜리언 삼위일체로부터 발생한다고 나는 주장했다. 이 세 가지 모두는 아마도 전형적으로 한 도시 혹은 도시들의 작은 클러스터에서 발생하는데, 그러한 지역은 사람들이 주거지를 바꾸지 않은 채 직장을 바꿀 수 있고, (노동시장 풀링이 존재하며 ; 역해자 주) 수송하기 어려운 재화와 서비스가 배달되기 쉬우며, (산업에 고유한 중간재 공급이 용이하며 ; 역해자 주) 규칙적인 인적 접촉이 발생할 수 있을 정도로 충분히 작은 (지식 파급이 가능한 ; 역해자 주) 지역이다. 밴쿠버와 몬트리올이 결합된 지역화경제로 많은 것을 창출한다고 생각할 이유가 없으며 (한 국가 내에 속한다 해도 양 도시 간에는 거리가 멀기에 지역화경제가 발휘되기 쉽다고 말하기 어려움. ; 역해자 주) 또한 두 도시간의 파급이 밴쿠버와 시애틀 (미국의 도시이지만 밴쿠버와 인접하며, 양 도시 간의 거리는 캐나다 내의 밴쿠버와 몬트리올 간의 거리보다 훨씬 가까움. ; 역해자 주) 간의 파급보다 더욱 중요하다고 생각할 이유는 분명히 없다.

반대로 내가 중심-주변 모형의 광범위한 집적경향들에 관심이 있다고 생각해 보자. 여기서 외부성의 성격은, 내가 주장한 바대로, 수송비에 직면한 시장규모 효과 — 생산자들로 하여금 대규모 시장에 접근하여 집중하도록 만드는 전후방연관 효과 — 로부터 나오며 대규모 시장에 생산자들이 집중하게 한다. 그리고 여기서 또한 국경들이 적절한 지역을 정의한다고 생각할 특별한 이유는 없다. 나의 미국과 캐나다 사례로 말하면, [캐나다의] 토론토는 명백히 중심부인 반면 — 사실 산업적인 면에서의 [토론토가 위치한 캐나다의] 온타리오 주는 지리학자들에게는 일반적으로 하나의 보편적인 미국 제조업 벨트의 부분이다 — [미국의] 아이다호 주는 주변부라고 고려된다. 전통적 유럽 제조업 벨트는 프랑스, 벨기에, 룩셈부르크 그리고 독일의 영역들에 펼쳐져 있으나 이 강연이 진행되고 있는 [벨기에의] 도시를 포함하지 않는다.

이 모든 것이 당연할 듯한데 경제학자들은 여전히 종종 그것을 잘못 본다. 불과 몇 년 전에는 외부경제가 국가적 수준에서 적용된다고 가정하고 대국이 규모의 경제가 특징인 재화를 수출하는 경향이 있다는 것을 자신들의 주요한 결과로 주장하는 것이 수확체증과 무역에 대한 경제 분석에서 보편적이었다. 그 결과는 여전히 사실일 수 있다 — 그러나 국가정책들이 그렇게 만들기 때문에 그것이 사실일 수 있는 것이지, 땅에 선을 그려서 그 양쪽의 땅을 상이한 두 국가라고 부르는 데에 어떤 고유한 경제적 중요성이 있기 때문은 아니다.

이 모든 것은, 국경이 문제가 되는 진정한 이유와 우리의 분석을 위한 국가의 적절한 개념으로 이끈다. 국가는 중요하다 — 국가의 존재는 모형 속에 체화되어 있다. 왜냐하면 국가는 정부를 가지며 정부의 정책은 재화와 생산요소들의 이동에 영향을 미치기 때문이다. 특히 국경은 무역과 요소 이동에 종종 장벽으로 작용한다. 모든 현대 국가는 노동 이동에 대하여 제한을 가한다. 다수의 국가들은 자본의 이동에 제한을 가하거나 최소한 그렇게 한다고 위협을 가한다. 무역 협상자들의 최선의 노력에도 불구하고 무역에 대한 실제 혹은 잠재적 제약은 만연해 있다.

이러한 제약의 영향력은 변한다. 미국 제조업 벨트가 부상하던 시기에는 유럽 국가들이 관세(그리고 궁극적으로 전쟁)를 통하여 그들 경제 간의 연계를 끊었다. 선진국 간의 공산품 무역은 현재 매우 자유롭고, 원칙적으로 유럽공동체 내에서 완전히 자유롭다. — 비록 우리가 곧 보게 되듯이 유럽공동체 내에서 산업의 지역화 정도는 미국 내에서의 정도보다 상당히 낮다고 하더라도. 노동 이동성은 대조적으로 1차 세계대전 이전의 시기에 비하여 오늘날 훨씬 덜하다. 사실 이민자들이 캐나다, 아르헨티나, 호주 및 미국에서 골라야 했던 대규모 유럽이민시대에 이들 국가 간의 당면한 유효 노동 이동성은 거의 완벽했다고 할 수 있다.

그러나 어떠한 경우이건 요점은 국가들이 그들의 [법적, 행정적] 제약에 의하여 정의되어야 한다는 것이다. 이것을 명심하고 산업의 지역화에서 국가의 역할에 대하여 접근해보자.

02
지역화와 무역

2-1 새뮤얼슨의 천사

무역이 완전히 자유롭다면 국민국가들 간의 노동과 심지어 자본의 비이동성은 반드시 산업의 지역화에 장벽이 되지는 않을 것이다. 대신에 각국은 자체적으로 지역화된 산업들의 묶음을 발전시키는 경향을 보일 것이며, 그래서 그러한 산업의 제품을 수출하고 그렇지 않은 제품을 수입할 것이다.

이것을 생각하는 유용한 방법은 우화를 통해서이다. 이 우화는 처음에 폴 새뮤얼슨(Paul Samuelson)이 헥셔오린 모형의 본질을 설명하기 위하여 제시하였지만, 엘하난 헬프만(Elhanan Helpman)과 내가 이를 더 넓게 수확체증 하에서의 무역에 광범위하게 적용하였다.

옛날 옛적에 새뮤얼슨은 균형 상태에 있는 경제가 있다고 가정하였다.(이상하게도 우화의 낭만이 갑자기 사라졌다!) 자본과 노동은 함께 자유롭게 결합하여 자본집약적 재화와 노동집약적 재화를 비슷하게 생산한다. 그러나 생산요소들이 교만해져서 감히 하늘에 도전하려고 하자 천사가 내

려와 이들을 국가들로 분리해버렸다. 그 이후로는 계속 일국의 자본이 같은 나라의 노동과만 결합할 수 있게 되었고, 천사는 자본과 노동을 균등하게 분리하지 않았다. 잘못을 깨달은 생산요소들이 할 일은 무엇일까?

만약 천사가 생산요소들을 지나치게 불균등하게 나누지 않았다면, 물론 대답은 여전히 무역을 통해서 '통합된 경제를 재생산'하는 것이 가능할 것이라는 점이다. 노동에 비하여 자본의 비율이 높은 국가들은 자본집약재를 집중적으로 생산하고 수출하여 타국으로부터 노동집약재와 교환할 것이며 (헥셔오린 모형 ; 역해자 주) 따라서 천사 강림 이전과 같은 총생산과 요소 수익을 달성하게 될 것이다. 재화 무역은 본질적으로 현재 금지된 생산요소의 무역을 달성하는 간접적 방식 (재화의 자유무역이 가능하면, 생산요소는 국가 간 수요와 공급에 따라서 이동-무역-하지 못한다 해도 이동 가능했을 경우 받게 되는 것과 같은 대가를 받게 되므로 ; 역해자 주) 이다.

이 우화는 비교우위뿐 아니라 [수확체증이 실현된 결과로서의] 지역화를 포괄할 정도로 확대될 수 있음이 명백하다. 천사 강림 이전에 특정 산업지구에 생산이 지역화되어 있는 특정 재화가 있다고 가정하자. 천사 강림 이후 동일한 결과를 달성하는 것이 여전히 가능할 수 있다. 만약 어떤 지구도 지나치게 많은 자본과 노동을 이용하지 않는다면, 각 산업지구들은 자신의 생산물을 수출하고 타국의 다른 산업지구의 생산물을 구입하면서 새로운 한 국가경제 내부에 잘 어우러지는 것이 가능할 것이다.

이 확대된 우화에서 무역은 유인들의 결합으로부터 발생할 것이다. 무역은 [전통적 무역이론에 따라 비교우위로 발생하는] 생산요소를 무역하는 간접적 방식과 [수확체증으로 발생하는] 지역화 경제를 달성하는 방식 등 양자를 모두 나타낼 것이다. 그것은 또한 보통의 경우 모든 당사자들에게 유익할 것이다. 천사가 지나치게 사악하지 않다면 — 세계를 너무 작은 나라들로 재단하여 산업지구들을 수용할 수 없거나 무역을 통하여 부족을 보완하기에는 자본과 노동이 너무 불균등하게 주어져 있지 않다면 — 누구나 통합된 경제에서 도달할 수 있는 것과 같은 수익을 달성하게 될 것이다. 그래서 무역은 생산요소의 암묵적 무역으로부터의 수익 때문에 그리고 지역화로부터 수익을 실현하는 능력 때문에 이득이 될 것이다.

이것은 매우 즐거운 이야기이다. 그것은 실제와 얼마나 부합하는가 그리고 그 마음 따뜻한 함의는 진짜 올바른 것인가?

2-2 유럽 대 미국

제1강연에서와 마찬가지로 나는 그런 이슈들에 대한 실증적 느낌을 얻으려는 노력으로 1단계 수량화를 시도하였다. 이 또한 접근법이 정밀하지 못하지만 시사적이다. 이제 국제 자료를 다루어야 할 필요가 있어서 결과는 더욱 정밀하지 못하다. 그러나 그것들은 내 생각에는 흥미롭다.

이러한 작업의 출발점은 미국의 대지역들 — 북동부(뉴잉글랜드와 중부 대서양), 중서부(동중북부와 서중북부), 남부 그리고 서부 — 은 인구와 경제규모에서 유럽의 4대국과 비교될 수 있다. 따라서 미국 지역들 간의 경제적 차별화 정도와 유럽국가들 간의 차별화 정도는 대략 비슷할 것이라고 추론할 수 있을 것이다. 사실 미국 내에서의 지역 간 거리들이 훨씬 멀다는 것만으로도, 지역화가 유럽에서 더욱 진전되었으리라고 예측할 수도 있다. (즉 미국은 4대 지역들이 서로 멀리 떨어져 있어서 상대적으로 수송비를 비롯한 무역장벽-무역비용-이 높아서 각각 독자적인 경제활동을 할 것이므로 유사한 산업구조를 보일 것이고, 유럽은 상대적으로 가까우므로 무역장벽이 낮아서 서로 상호 보완되게 상이한 산업구조를 보일 것임. ; 역해자 주)

그 비교를 하기 위해서는 비교 가능한 자료가 필요하다. 이것이 문제이다. 내가 그간 찾아낼 수 있었던 최고의 것은 유럽 국가들에 대한 두 자리(digit) 산업들의 고용통계인데, 이것은 미국 지역들의 거의 동일한 산업들의 지역고용통계에 비견될 수 있다. 그것은 대략적 비교이나 내가 할 수 있는 최선이다.

이 자료를 이용하여 지역/국가 분산지표(indices of regional/national divergence)를 구축한다. 이것은 다음과 같이 이루어진다. s_i 는 어느 지역/국가의 총제조업 고용에서 i산업의 비중이라고 하고, $*$는 어떤 다른 지역/국가를 지칭한다고 하자. 그러면 지수는 다음과 같다.

$$\Sigma_i \, | s_i - s_i^* |$$

두 지역들이 동일한 산업구조를 갖는, 즉 해당 산업의 고용 비중이 모든 i에 대하여 같다고 가정하자. 그러면 그 지수 값은 물론 0이 될 것이다. 만약 두 지역이 완전히 상이한 산업구조를 갖는다면, 지수 값이 조금만 생

A. 미국 지역들, 1977	북동부	중서부	남부	서부
북동부	–	.224	.247	.242
중서부	–	–	.336	.182
남부	–	–	–	.271

B. EC 국가들, 1985	프랑스	독일	이탈리아	영국
프랑스	–	.200	.197	.083
독일	–	–	.175	.184
이탈리아	–	–	–	.184

각해보면 2가 될 것임을 알 수 있다.(왜냐하면 각 지역의 각 비중은 전부로 계산될 것이기 때문이다.) 따라서 지수는 구조의 차이 그리고 따라서 지역특화를 계량화하는 대략적 수단이다.

내가 한 일은 12개 쌍의 지역/국가에 대하여 이 지수를 산정하는 것이다. 상호 비교되는 미국의 지역들과 유럽의 상호 비교되는 4대국에 대하여.(나는 직접적인 미국 ― 유럽 지수들을 시도할 만큼 자료의 비교 가능성을 충분히 신뢰하지 않는다.) 결과는 〈표 3-1〉과 같다.

그 결과는 아마도 자료가 상당히 과도하게 집계되었기 때문에 내가 의도한 만큼 강하게 나오지는 않으나 방향은 맞다. 유럽 국가들은 미국 지역

<表 3-2> 산업특화(제조업 고용 비중)

	독일	이탈리아	중서부	남부
섬유	3.7	9.1	0.3	11.7
의류	2.6	5.6	2.4	10.6
기계류	15.8	12.9	15.0	7.1
운송장비	13.2	10.4	12.8	5.9
비중 격차의 합	35.2		62.6	

들보다 덜 특화되었다. 당신은 미국이 지역 간 차이가 사라진 매우 동질적 사회라는 인상을 갖고 있을 수 있고 문화적으로는 당신이 옳을지도 모른다. 그러나 그들이 움직이는 경제규칙의 측면에서는 미국 지역들이 유럽 국가들보다 더 차이가 난다.

만약 내가 약간 트릭을 써서 내가 생각하기에 가장 흥미로운 경우에 초점을 맞춘다면, 더 명확한 모습이 떠오른다. 한편에서는 중서부와 남부의 특화를, 다른 한편에서는 독일과 이탈리아의 특화를 비교하자. 두 경우에 우리는 사실상 [미국의 중서부와 유럽의 독일이라는] 전통적인 중공업 생산자와 [미국의 남부와 유럽의 이탈리아라는] 전통적인 노동집약적 경공업 생산자를 비교하게 된다. 그리고 선택된 부문들의 고용 비중을 비교한 <표 3-2>에서 보듯이, 핵심 산업들에서 현시비교우위(revealed comparative advantage) (세계 전체 수출 시장에서 특정 상품의 수출이 차지하는 비중과 특정국의 수출에서 해당 상품이 차지하는 비중을 비교하여 드러나는 특정국의 특정 상품의 비교우

미국		EC	
중서부	66.3	독일	38.5
남부	25.4	프랑스	31.1
서부	5.1	이탈리아	17.6
북동부	3.2	영국	12.9

위 ; 역해자 주)의 패턴은 유사하다.

그러나 이 현시비교우위에 부합되는 특화도는 매우 다르다. 한 극단으로 [미국의 중공업 지역인] 중서부는 본질적으로 섬유산업이 없는데, 이는 [유럽의 중공업 지역인] 독일이 여전히 상당히 보유하고 있는 것과 비교된다. 다른 극단으로 [미국의 경공업 지역인] 남부는 [유럽의 경공업 지역인] 이탈리아보다 기계류를 덜 생산한다.

또 다른 비교의 실례는 자동차 산업이다. 〈표 3-3〉은 미국 자동차 산업의 지역 간 분포와 유럽 자동차 산업의 국가 간 분포를 비교한다. 그것은 미국 산업이 훨씬 지역화되었다는 점을 보여준다. 본질적으로 미국 자동차 산업은 중서부에 현저하게 모여 있는데, 다른 지역에는 단지 조립공장들이 흩어져 있다. 유럽에서 그에 비견되는 것은 [독일의] 볼프스부르크(Wolfsburg)에서 150km 이내에 산업의 절반이 집중되어 있는 것이다.

따라서 비록 이 자료에 문제가 있어도 결론은 명백하다. 지역화는 유럽에서보다 미국에서 훨씬 진전되었다.

왜 그럴까? 이유는 명백하게 무역에 대한 장벽의 존재 때문이다. 나는 지난 강연에서의 지역화 이야기들 중 중간재에 초점을 맞춘 것으로 돌아가는 게 도움이 된다고 생각한다. 거기서 나는 중심-주변 모형과 한 산업 내 각 생산물들이 최종재이자 중간재인 단순화 모형 간의 강력한 유사성이 존재함을 지적하였다. 두 경우 모두에서 집중은 수송비가 낮아지고 규모의 경제가 증가할 때 증가하는 경향이 있다.(차이는 중심—주변 모형에서 수요되는 제조업 비중이, 중간재 모형에서는 투입물로 이용되는 생산물의 비중에 상응한다는 것일 뿐이다.)

19세기에 무엇이 발생하였는지 고려해보자. 미국과 유럽 모두에서 수송비는 하락하고 규모의 경제는 더욱 중요해졌다. 그래서 지역화의 논리가 강해졌다. 그러나 유럽에서 수송비 하락은 종종 높아지는 관세에 부딪쳤다. 물론 1913년 이후 [1958년 유럽경제공동체 EEC가 설립되기까지] 45년간 유럽은 [정부가 국제수지의 균형과 외국환 시세의 안정을 위하여 외국환 거래를 직접 관리하고 규제하는] 외환관리에 의하여 그리고 안타깝게도 [제1, 2차 세계대전과 같은] 더 나쁜 것들에 의하여 분열되어 있었다. [1967년] 유럽공동체 설립 이후조차 국경들은, 규제의 차이와 국산품을 우대하는 [비관세 장벽과 같은] 보다 미묘한 정부정책들이 [관세의 자리를] 대신 채우면서 무역에 대한 상당히 성가신 장벽으로 남아 있었다. 그 결과 유럽의 경제적 지역화는 미국 수준보다 훨씬 낮게 유지되어 왔다.

이 비교는 유럽경제가 보다 통합되어 감에 따라 그 미래에 재미있는 몇 가지 시사점을 준다. 두 가지만 초점을 맞추어 보자. 잠재적인 적응 문제와 통화통합의 이슈.

궁극적으로 유럽이 미국과 유사한 수준의 지역화와 특화 수준을 갖게 되어 비슷해질 것이라고 가정해보자. 여기에서 거기로 가는 길에서 이는 최소한 유럽의 일부 산업센터들이 분산하는 과정을 의미하게 될 것이다. [〈표 3-2〉가 지침이 된다면] 통합된 유럽경제에서 독일은 직물과 의류산업들의 분산과 그러한 산업의 남유럽으로의 재배치를 경험하게 될 것인데, 이는 20세기 초반 미국에서 전통적인 뉴잉글랜드 산업들이 남동부로 재배치된 것과 비견된다. 핵심적인 중공업과 첨단산업들에서 독일 산업 클러스터들의 발흥이 이를 상쇄할 것이며, 반면 남유럽에서는 그러한 산업들이 위축될 것이다 — 이는 사실상 양쪽 지역에 모두 이득이 된다 해도 남유럽의 일종의 남부화(Mezzogiornification)(선진화된 이탈리아 북부 지역과 대비될 만큼 경제발전이 매우 뒤처져 있을 뿐 아니라 오랜 기간 반전의 계기도 마련하지 못한 채 낙후된 지역으로 남아 있는 이탈리아 남부 지역–또는 선진화된 유럽의 북부 지역들에 비하여 전반적으로 낙후된 유럽의 남부 전반으로 이해할 수도 있음–을 지칭하는 Mezzogiorno에서 파생된 용어로, 여기서는 중심에 대비되는 주변부화로 이해할 수 있음. ; 역해자 주)로 보일 수 있다.

이제 이러한 특화과정이, 적어도 제조업에서 미국과의 비교가 제시하는 것보다 덜 드라마틱하게 될 것이라고 주장할 수 있다. 첫째, 입지의 고유한 선택뿐 아니라 지역화의 정도에서 차이가 나는 다중균형이 존재할 수 있다. 즉 미국이 하나가 아니라 두 개의 자동차 중심을 발전시켰다면 그 둘 모두 잔존했을 수도 있다. 그리고 상대적으로 분산된 유럽의 제조업

A.1947	중서부	북동부	남부	서부
중서부	–	.361	.606	.441
북동부	–	–	.560	.504
남부	–	–	–	.403

B.1985	중서부	북동부	남부	서부
중서부	–	.224	.336	.182
북동부	–	–	.247	.242
남부	–	–	–	.271

지리는 미국과의 직접적 비교가 시사하는 것보다 잘 잔존할 수 있다.(잠시 후 중심-주변 이슈를 다루게 될 때 나는 이 주장을 보다 명확히 할 것이다.) 또한 미국 내에서 시간이 경과함에 따른 추세는 실제로 제조업의 탈지역화 방향이었다. 〈표 3-4〉는 1947년과 1985년의 지역 간 격차의 지표들을 비교한 것이다. 명확한 하락이 있었다. 즉 미국에서 제조업 지역화의 최고수위선은 매우 오래 전인 1920년경에 도달되었다. 만약 유럽이 미국의 현재 위치가 아니라 미국이 앞으로 갈 방향으로 수렴한다고 생각하면, 요구되는 조정의 정도는 훨씬 작아 보인다.

반면 서비스업은 미국에서 아마도 더 집중되어 가고 있다. 만약 유럽이 [미국의 전례를] 따른다면, 거의 모든 첨단 금융활동은 런던에서 행해지고 모든 엔터테인먼트산업은 가령 마드리드에서, 가장 정교한 소프트웨어는 옥스퍼드 근교에서 디자인되고, 모든 보험업 기업들은 어디에 본부를 두고 등등 여러분은 무슨 말인지 잘 알 것이다.

어쨌든 요점은 1992년이 1958년과 같아 보이지 않을 수 있다는 점이다. 최초의 유럽경제통합 (1958년 유럽경제공동체 설립 ; 역해자 주) 으로의 대변동에서는 실제로 거의 모든 무역 증가는 [지역화가 덜 진전되었고 그에 따라 국가 간 산업구조가 유사하므로] 산업간무역이라기보다는 산업내무역의 형태로 이루어졌으며, 상대적으로 산업 조정의 문제를 거의 야기하지 않았다. (통합으로 이행해 감에 있어서 여러 산업에 영향이 나타날 텐데, 각국의 산업구조가 유사하므로 그 영향은 각국에 유사하게 나타날 것이므로 특정 국가에서 특정 산업의 구조를 조정하는 문제는 나타나지 않을 수 있음을 의미함. ; 역해자 주) [유럽연합이 출범하는] 이번에는 진정한 미국 유형의 산업특화 (각국에 특화산업이 두드러지고 그 결과 국가 간 산업구조의 차이가 커지게 됨을 의미함. ; 역해자 주)가 발생함에 따라 이행은 겪어내기 쉽지 않을 수도 있다. (즉 국가 간 산업구조가 차별화됨에 따라 각국은 일부 산업에서는 보다 규모가 커지는 집중이 발생하는 반면 일부 산업에서는 분산이 촉진되는 등 산업의 구조조정 문제가 야기되며, 이는 산업–업종–간 무역으로 귀결될 가능성이 큼을 의미함. ; 역해자 주)

이행을 넘어서 통화동맹은 어떤가? 이 강연에서 지금까지 통화나 환율에 대하여 말할 게 없었는데, 여기서도 많이 얘기하고 싶지는 않다. 그러나 경제지리적 접근은 일부 통상적인 관념들에 이의를 제기할 필요가 있음을 시사한다. 특히 유럽에서는 1992년이 유럽통화동맹(EMU) (유럽 각국의 중앙은행들을 단일한 유럽중앙은행으로 통합하고 각국의 통화를 고정환율제도로 이행한 후 단일통화로 통합하는 것을 내용으로 하는 동맹으로, 실제로는 1999년에야 당시 유럽연합에 가입한 15개국 중 영국을 비롯한 4개국을 제외하고 11개국이 참여하여 출범함. ; 역해자 주)을 위한 기반을 닦는다는 — 즉 보다 긴밀한 경제통합이 통화동맹으로부터의 이득은 더 크게 하고 비용은 줄인다는 — 생각이 거의 정설이 되었다.

이러한 논리는 부분적으로 표준적인 최적통화지역론 (먼델 R. Mundell에 의하여 처음 주장되었음. 최적통화지역은 하나의 통화가 통용되기에 가장 적합한 이상적인 지역으로서 통상 국가 간 환율을 고정시키는 것이 단일 통화를 이용하는 것과 같은 효과를 가지므로 고정환율제도를 유지하는 데 가장 적합한 크기의 지역을 의미함. ; 역해자 주)에 근거한다. 우리는 통화동맹이 편익(국제무역에서의 거래비용 감소, 신뢰성 증대 및 통화정책의 안정성)과 비용(국가 고유의 충격에 대한 적응의 곤란 증가) 모두를 야기한다고 가정한다. 두 나라 간 무역이 커질수록 공동통화로부터의 이득은 커지고 환율조정 자유의 가치는 낮아진다는 게 통상적 주장이다. [유럽연합이 출범하게 될] 1992년이 무역의 증가를 유도할 것이기 때문에 이는 공동통화의 논거를 강화한다.

아직은 좋다. 그러나 두 나라가 생산물 구성에서 보다 유사할수록(따라서 그들이 직면하는 충격이 덜 특이할수록) 공동통화의 비용이 작아진다는 논거가 있다. 유럽 분석가들 간의 일반적 추정은, 1992년이 유럽공동체 국가들 간 경제구조의 지속적 수렴을 수반하고 또한 실제로 그것을 용이하게 하며, 따라서 공동통화의 논거는 여전히 더 큰 추동력을 도출한다는 것이었다.

그러나 앞의 몇 개 표에서 나타난 증거들이 맞는다면, 유럽 국가들은 1992년의 결과로 더 유사해지는 것이 아니라 덜 유사해질 것 같으며, 따라서 이러한 면에서 통합 증가의 결과로 최적통화지역으로서 덜 적합해질 것이다. 물론 부수적 시사점은, 미국이 유럽보다 단일통화에 덜 적합함이 틀림없다는 점이다. (미국의 각 지역은 산업이 서로 차별화되어 있어서 외부 충격에 대하여 다른 영향을 받게 되고 그러한 상황에서 단일통화는 지역별로 대처하기에 적합하지 않기 때문임. ; 역해자 주)

이 문제를 더 이상 밀고 가기를 원하지 않는다. 그것은 지리적 접근이 국제경제학에 대하여 제기하는 깜짝 질문으로 남겨 두고자 한다.

03
다시, 중심과 주변

이제 경제의 특화 (산업의 지역화 ; 역해자 주) 로부터 규모로 주제를 전환해보자. 제1강연에서 나는 수확체증과 수송비의 상호작용이 생산에 먼저 뛰어들어 유리한 지역들이 초기 조건이 덜 유리한 지역들로부터 산업을 유인하게 되어, 대규모 수준에서 [중심과 주변으로 갈리는] 불균등 지역 발전을 설명할 수 있다고 주장하였다.

이 관찰은 즉시 국가들 간의 경쟁에 대하여 몇 가지 의문을 제기한다. 소국들은 그들의 산업이 보다 큰 이웃 국가들의 불가피하게 더 큰 중심으로 끌려들어가지 않도록 하기 위하여 경제통합을 두려워해야 하는가? 국가들은 자체적 산업 중심의 확보를 보장하고자 의도적인 정책을 추진해야 하는가? 중심 – 주변 모형은 지역 수준에서뿐 아니라 국가 수준에서 불균등 발전을 설명하는가?

이러한 문제들에 대하여 대략적으로 살펴보자.

3-1 누가 중심을 차지하는가?

언뜻 보면 제1강연에서 전개한 두 개 지역 모형은 소국들에는 불길한 시사점을 줄 것으로 보인다. 두 개 국가를 두 개 지역으로 보고 대국이 초기 인구를 더 많이 갖고 있고, 따라서 아마도 소국으로부터 모든 산업을 유인할 것으로 생각할 수 있지 않겠는가?

그러나 반드시 그런 것은 아니다 — 국가들은 지역들과 똑같지 않다. 가장 극적인 최근의 사례로서 우리는 소련이 비록 대국경제 단위임에도 불구하고 지역경제들의 집합이라는 것을 불현듯 인식하게 되었다. 만약 현재 벌어지고 있는 것처럼 소련 경제가 그 지리적 부분들로 해체된다면 (소련을 구성하던 러시아, 우크라이나, 벨라루스 및 카자흐스탄 등 15개 공화국은 1991년 각각 독립된 국가로 전환함. ; 역해자 주) 그러한 부분들은 개별적으로는 소련 이전의 동구 위성국가 (폴란드, 체크, 슬로바키아 및 헝가리 등 과거 소련과 정치, 경제, 군사적으로 밀접한 연관을 맺었던 옛 사회주의국가들 ; 역해자 주) 들보다 크지 않을 것이다.

따라서 대국을 꼭 큰 지역들이 아니라 다수 지역들로 이루어진 것으로 생각하는 게 더 정확할 수 있다. 그리고 일단 국가를 지역들의 집합으로 생각하면, 경제적 통합이 대국의 지역들에 유리하다는 것이 반드시 옳지는 않다는 것을 알게 된다.

그 이유를 알려면 두 개 지역 모형에서 벗어나 다지역 틀에서 중심-주변 모형에 대하여 생각할 수 있어야 한다. 물론 입지이론의 큰 전통에서는 2차원의 평면에서 인구의 연속 분포를 상정하여, 지역이라는 개념을 통째 버림으로써 갈 데까지 가보고자 할 것이다. 그러나 그것은 내가 지금 다루

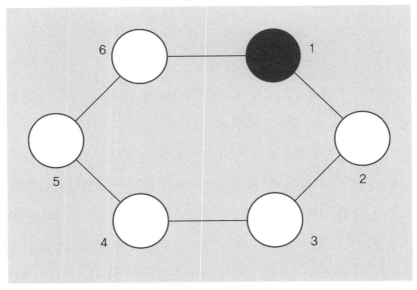

고자 하는 어떤 것보다도 훨씬 어렵다. 그 대신 나는 1차원 공간에 펼쳐진 지역들의 이산 집합을 가정하고자 한다. 끝점들에 대하여 고민하기를 원치 않기 때문에 이 공간은 원이 되어야 할 것이다. 어떤 흥미로운 이야기를 말하는 것과 앞뒤가 맞도록 가능한 한 소수의 지역들을 갖고자 한다. 이것은 여섯 개 지역이 된다. 그 결과로서의 이야기는 〈그림 3-1〉과 〈그림 3-2〉에 표시되어 있다. 여섯 개 지역들은 하나의 원으로 펼쳐져 있는데 수송은 오직 원을 따라서만 가능하다.(중간에는 통과할 수 없는 산맥들이 있다.)

제1강연에서와 마찬가지로 오직 두 종류의 사람들이 있다고 가정하자. 각 지역에 고르게 분포되어 있는 농부와, 살 곳을 선택할 수 있는 노동

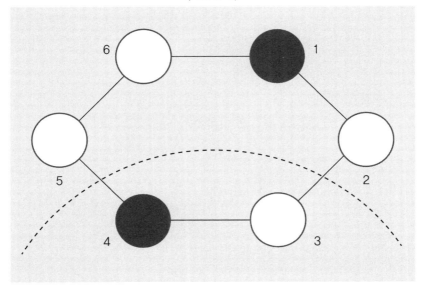

자들이다. 그러면 그 경제는 하나의 중심을 형성하게 될 가능성이 있다. 이는 〈그림 3-1〉에서 한 지역이 음영으로 처리되는 것으로 표시된다. 그렇지 않고 만일 수송비가 높고 규모의 경제가 작으며 매이지 않은 생산이 작다면 제조업 생산은 지역들에 고르게 퍼져 있을 수도 있다.

그러나 또 다른 가능성도 있는데 경제가 복수 중심을 뒷받침하는 경우이다. 특히 가능한 사례는 〈그림 3-2〉에 나타나는데, 여기서 음영은 지역 1과 지역4의 두 중심의 형성을 나타낸다. 각 중심은 두 이웃 지역들로 구성된 배후지를 갖게 될 것이다.

어느 그림이 옳은가? 대답은 아마도 제1강연에서 보았듯이, 두 개 지역의 경우에 중심 – 주변 패턴의 등장 여부를 결정하는 것과 같은 변수들에 의존한다. 만약 수송비가 낮고 규모의 경제가 크며 그리고 국민소득에서 매이지 않은 산업의 비중이 크다면 그 결과는 하나의 중심으로 나타날 것이다. 만약 그 반대가 사실이면 중심은 결코 없을 것이다. 중간 수준은 복수 중심 구조를 뒷받침할 것이다.[1]

이제 다음의 가상적 역사를 고려하자. 초기에 〈그림 3-1〉과 〈그림 3-2〉에 나타난 세계는 두 곳의 분리된 국가로 이루어져 있고, 한 국가는 네 개 지역으로 다른 한 국가는 두 개 지역으로 이루어져 있다.

경계는 〈그림 3-2〉에서 점선으로 표시된다. 그리고 두 나라는 초기에 무역과 요소 이동에 대하여 충분한 장벽을 유지함으로써 그들의 경제적 지리는 독립적으로 전개되어 대국은 지역1에 중심을 발전시키고, 소국은 지역4에 보다 작은 중심을 발전시킨다고 가정하자. 그리고 양국은 1992년과 같은 일(유럽통합조약)을 해서 하나의 경제단위로 통합된다. 무엇이 일어날까?

대답은 궁극적 균형이 하나의 중심 혹은 두 개의 중심을 갖는가에 달려 있다. 만약 통합된 경제가 오직 하나의 중심으로 귀결되면, 중심1은 그 초기 출발의 유리함으로 인해 아마 지역4로부터 모든 제조업을 유인해 갈 것이다. 그러나 만약 통합경제가 두 개의 중심으로 귀결되면, 지역4의 제

---

1) 제강연의 분석이 제시하였듯이, 하나 이상의 균형 구조가 있을 수 있다 – 즉 하나의 주어진 기호와 기술에서도 하나의 중심과 두 개의 중심의 지리, 양자가 모두 가능할 수도 있다. 이 점이 인식되었지만 뒤 이은 논의를 위하여 무시되었음을 고려하라.

조업은 자체의 자연적 배후지 전부에 대한 접근성을 확보함에 따라 실제로 지역1의 희생 위에서 확장해 갈 것이다.

국가들이 통합할 때 대국이 큰 중심들을 가질 가능성이 보다 높기 때문에 소국의 희생 아래 제조업을 확대할 경향이 있다는 추정이 일부 있음을 알고 있다. 그러나 그것은 단지 하나의 가설일 뿐이며 확실한 것은 아니다. 요점은 생산의 지리적 구조에 대하여 생각할 필요가 있으며, 국가들을 자연적인 분석 단위로 취급할 필요는 없다는 것이다.

3-2 중심 지위 확보를 위한 투쟁

우리는 단지 하나의 중심만이 있을 수 있는 두 개 지역 모형이 국제적 이슈들에 대하여 오도될 수 있음을 보았다. 그럼에도 불구하고 다른 질문을 하기 위하여 두 개 지역 모형으로 돌아가 보자. 지리적 관점은 정책에 어떤 시사점을 갖는가?

이제 이동 가능 요소들을 갖는 모형은 정책 분석을 위한 기초적 질문을 제기한다. 누구를 위하여 정책을 만들어야 하는가? 독일의 사회후생함수에는 우연히 거기서 일하게 되었지만 뿌리는 터키에 있는 외국인 노동자도 포함하는가? 터키의 사회후생함수는 독일로 이주한 사람들을 포함하는가?

이제 트릭을 써서 명백히 부적절한 개념, 즉 이동불가능 요소들만의 후생을 측정하는 개념을 채택하여 보자. 이는 우리 중심-주변 모형에서

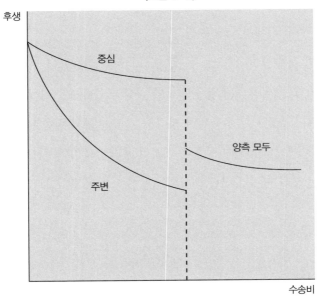

단지 농부만 고려하고 노동자는 고려하지 않는 것과 같다. 진지한 정책 분석을 위해서는 유용하지 않겠지만 내가 하고자 하는 것은, 다음의 주장이 정당함을 보여주는 일뿐이다. 아마도 국가들에는 자신들이 중심을 차지하든지, 아니면 최소한 막 생겨나는 자신들의 중심이 이웃들에 의하여 빨려 나가지 않도록 하기 위하여 무역장벽 혹은 여타 정책들을 쓰려는 유인이 있을 것이다.

다시 한번 시사적인 〈그림 3-3〉을 보여주는 것이 유용할 수 있다. 이 그림에서 나는 제1강연에서 묘사한 종류의 두 개 지역 세계를 마음에 두고 있다. 이 그림은 각 지역에서의 이동불가능 농부들의 후생이 수송비 수준의 함수임을 보여준다. 수송비가 높을 때 중심 - 주변 패턴은 나타나지 않을 것이며, 만약 두 지역이 규모가 같으면 양 지역의 농부들은 동일한 후생 수준을 갖게 된다. 수송비 하락은 단지 지역 간 무역을 증가시킴으로써 최소한 어느 정도까지는 각 지역에서 후생을 증가시킬 것이다.

그러나 만약 수송비가 충분히 하락하면, 지역들이 하나의 제조업 중심과 하나의 농업 주변으로 차별화되는 임계점에 도달하게 된다. 그 문턱을 넘게 될 때 중심이 되는 지역의 이동 불가능한 요소들은 이득을 얻는 반면, 다른 [주변] 지역의 그런 요소들은 초기에 손해를 보게 된다.(그들은 이제 모든 공산품을 수입해야만 하기 때문이다.)

만약 수송비가 더욱 많이 하락하게 되면 후생은 양 지역에서 다시 증가한다.(중심은 수출품의 수송비가 낮아져서 이득이 되고, 주변은 수입품의 수송비가 낮아져서 이득이 되기 때문임. ; 역해자 주) 후생은 또한 수렴하게 될 것이다. 수송비가 제로가 되면 [어디에서 생산되어 공급되어도 가격은 같기 때문에] 입지는 문제가 되지 않으며, 양 지역은 동등한 후생 수준이 되는데 그 수준은 높은 수송비에서 도달할 수 있는 수준보다 높다. 이는 주변이 되는 지역에서는 경제 통합(수송비의 감소를 의미함. 여기서 수송비는 물리적인 운송비뿐 아니라 관세를 비롯한 각종 무역비용을 포함함. ; 역해자 주)과 후생 간에 U자형 관계가 있음을 바로 시사한다. 밀접한 통합은 좋으나 제한된 통합 움직임은 나쁠 수 있다.(제한된 통합은 U자형 관계의 최저점에 위치할 수 있으므로 후생이 낮음. ; 역해자 주) 이 점에 대해서는 내가 곧 다룰 것이다. 그러나 지금은 지역들이 차별화되는 임계수준의 수송비에서 무엇이 발생하는지에 초점을 맞추고자 한다.

명백한 것은 (1) 한 지역의 이동불가능 요소들은 주변보다는 중심에 있고자 할 것이다. 그리고 (2) 임계점에서의 적절한 정책조치들은 한 지역에 유리하게 국면을 전환시킬 수 있다. 1860년이라고 가정해 보자. 그러면 당신은 철도의 발명이 중심을 포함하는 제조업 국가와, 중심을 포함하지 않은 농업 국가로 당신의 [북미] 대륙을 분할할 것임을 알 수 있다. 그러면 당신은 중심을 얻고자 일시적 관세의 부과를 옹호하려고 할 것이다. 일단 당신이 제조업에서 결정적 우위를 확보했다면 관세를 제거할 수 있다 — 그리고 실효적으로 당신의 경제적 식민지가 된 타국에 자유무역의 미덕을 강의할 수 있다.

이런 일이 일어난 적이 있는가? 물론 정확하게 일어나지는 않았다. 그러나 일부 기본 요소들을 갖는 이야기가 있고 그리고 거기서 보호주의를 매우 잘 옹호하는 것이 가능하다고 생각한다. 즉 1차 세계대전 이전의 캐나다의 경우가 그렇다.

3-3 캐나다의 경제적 민족주의

미국 북쪽의 다양한 영국 식민지들이 단일 정부 아래 모였던 1873년, 캐나다 전국은 이미 합쳐진 미국 제조업 벨트에 대한 북미 주변부의 일부가 될 것으로 보였다.[2]

---

2) 이 섹션은 버크버그(Buckberg 1990)에 기초한다.

우리는 캐나다를 미국과 마찬가지로 [매이지 않은 제조업 노동자가 다수 유입하는] 대이민국으로 생각하는 데 익숙하다. 그러나 한 국가로서 초기의 캐나다는 해외로부터 이민자를 거의 유치하지 못했다 — 그리고 캐나다인은 특히 궁핍해진 퀘백 (캐나다 동부의 주로서 초기 프랑스 식민지였으며 경제적으로 낙후되었음. ; 역해자 주) 으로부터 미국으로 상당수가 이주하고 있었다. 캐나다에는 제조업이 거의 없었고 어떤 제조업이라도 번성할 전망이 거의 없었다. 농업 확대는 미국에서와 거의 마찬가지로 평원을 향해 서쪽으로 진행되고 있었으나, 미국에서처럼 제조업을 유치하고 그를 통해 서부를 도시화하지 못하고 있었다.

1870년에 추측했다면 아마 500만 명 내지 기껏해야 1,000만 명의 인구를 가진 농업국가인 캐나다를 예상했을 텐데, 이는 [미국 중북부 대평원에 위치하며 농업이 발달한] 네브라스카 주를 특대로 키운 규모이다. 그들 대부분은 현재 미국 농부들 대부분과 마찬가지로 매우 부유했을 수도 있었다. 그러나 한 국가로서는 [제조업 기반이 없는 상태였기에] 그렇지 못했을 것이다.

물론 그 대신 나타난 것은 미국 경제로부터 연결을 끊는 의도적 정책이었다. 1878년 캐나다는 두 가지의 중요한 요소로 구성된 소위 국가정책(National Policy)을 도입하였다. 하나는 캐나다 농업 부문을 이미 자리를 잡은 미국 공급자들보다는 국내 생산자들에게로 전환하도록 실효적으로 강제하는 관세장벽이었고, 다른 하나는 [북미 대륙의 산맥이 이어진 방향이자 당시 경제적 교류가 활발했던 미국과 캐나다를 연결하는] 자연스러운 남북 방향과 반대로 [캐나다의 제조업 발전이 가능한 동부 지역과 농업 지역인 서부를 연결하여 국내 수송비 하락을 가능하게 하고, 이를 통하여 캐나다 동부의 공산품이 수요처인 서부에 저렴하게 공급되도록 함으로써 캐나다 공산품의 수요 시장 확보, 경쟁력 강화 및 수입 대체에 기여하는 역할을 하도록] 동서 교통을 실효적으로 보조하는 국가철도였다.

이는 지난 40년간 오명을 얻은 일반적 유형의 유치산업, 수입대체 정책의 한 종류에 불과하지 않은가? 완전히 그렇지는 않다. 1920년대까지 캐나다와 미국은 상호간에 매우 특이한 상황에 있었다. 사실상 양국 간의 노동 이동성은 거의 완벽했다. 그 이유는 양국이 경제적 동기의 대규모 이민의 대상이었으며, 일부에서는 노동자들을 얻기 위하여 경쟁하고 있었기 때문이다.

그러나 그것이 의미하는 바는, 캐나다의 수입 대체가 타국의 유사한 정책들이 할 수 없는 것을 할 수 있었다는 점이다. 캐나다의 정책들은 내수시장을 보호함으로써 그것을 또한 확대할 수 있었다. 캐나다 농부는 캐나다인들로부터 [공산품을] 구매해야 되었기 때문에, 그렇지 않았다면 캐나다에 살았을 캐나다인들보다 더 많은 캐나다인들이 있게 되었고 (자국의 판매시장을 확보한 제조업에서 노동 수요 증가에 따라 매이지 않은 노동자로서 이민자들의 유입이 증가하여 가능해짐. ; 역해자 주) 따라서 보다 큰 캐나다 시장이 존재하게 되었다. 원론적으로는 그 시장은 궁극적으로 자급자족할 만큼 충분히 커지게 될 것이다. 즉 캐나다 시장은 궁극적으로 보호 없이도 그 시장에 서브할 제조업을 입지시키는 것이 효율적일 정도로 충분히 커지게 될 것이다. 그 시점에서 경제는 [관세장벽이라는] 목발을 벗어 던지고 주변부가 될지도 모른다는 공포 없이 자유무역을 받아들일 수 있으리라. 이는 유치산업 보호 주장이라기보다는 유치국가 보호 주장이다.

이 정책은 성공적이었나? 아마도 그것은 자체 목표들에 따라 다르다. 명백하게 보이는 것은 이 정책이 국제경쟁의 바람에 노출되자마자 죽어 버리게 되는 온실산업 부문을 창출하는 것 이상을 했다는 점이다. 캐나다는 이제 주변부가 될 것이라는 우려 없이 미국과 자유무역을 받아들일 만큼 산업적으로 충분히 강하다.(그렇다. 일부 캐나다인들은 여전히 그것을 우려하며 그들이 옳을 수도 있다. 그러나 그들은 소수이며 아마도 틀렸을 것이다.) 캐나다의 국가주의적 경제정책이 이러한 강점을 창출하는 데 핵심 요소였다고 주장하는 것이 타당할 듯하다.

04
지리와 유럽의 주변

이 강연 초반에 유럽의 경제학은 국가 간 경제학이기를 멈추고 그 대신 지역 간 경제학이 되어가는 과정에 있음을 내비쳤다. 만약 이것이 산업의 지역화 증가(각 지역 간 산업의 특화 증가 ; 역해자 주)를 의미한다면, 그것은 일부 조정(일부 산업의 분산과 여타 산업의 보다 큰 집중 ; 역해자 주) 문제들을 야기할 것이며, 이는 아마도 효율 증가에 의하여 상쇄될 것이다. 그러나 만약 통합된 유럽이 외딴 지역들의 희생 위에서 [매이지 않은 제조업 노동자를 비롯하여] 매이지 않은 모든 것들이 유럽 대륙 [중심부인] 북서부로 모이는 중력을 발휘(산업 집중의 심화 ; 역해자 주)하게 된다면 어떻게 될 것인가? 유럽[통합]의 이상은 존속 가능할까?

이제 현재의 유럽에 대한 일부 사실에서 시작하여 미래에 무엇이 발생하는가에 대하여 묻고자 한다.

〈표 3-5〉 유럽의 주변성과 1인당 국내총생산(GDP)

	(유럽공동체 평균 = 100)
중심	122
중간	105
내부 주변부	89
외부 주변부	64

4-1 오늘날 유럽의 중심과 주변

유럽의 인구 분포는 현재로서는 미국의 인구 분포가 갖는 비균등성과 같은 어떤 것도 보여주지 않는다. 국가들 내부에서는 어떤 중심-주변 패턴들이 있다. 대런던 혹은 일드프랑스(Ile-de-France)(파리와 주변 지역을 포함한 프랑스 중북부 지역 ; 역해자 주)의 지속적 흡인력은 흡사 미국과 유사하게 보인다.(그리고 이러한 중심들 주변의 풍경은 내가 좋아하는 아름다운 북동부 회랑(Northeastern Corridor)(미국 북동부의 보스턴, 뉴욕, 필라델피아, 볼티모어 및 워싱턴DC 등 거대 도시들을 연결하는 전철노선이 연결되는 지역 ; 역해자 주)과 구별하기가 점점 더 어려워지는 것으로 보인다.) 그러나 1960년대와 1970년대 초기 남쪽에서 북쪽으로의 상당한 이주에도 불구하고 초기 산업화 지역에 대규모 인구 및 고용 집중은 없었다. 그 이유는 명백하다. 유럽은 미국에 비하여 요소 이동성과 무역 모두에서 역사적으로 훨씬 덜 통합되었기 때문이다.

반면 유럽은 인구가 아니라 구매력을 고려할 때 매우 강력한 중심-주변 패턴을 특징으로 한다. 유럽 내 지역 간 소득 격차는 미국 내에서의 그것보다 훨씬 크며, 그것은 지리적 위치와 밀접한 관련이 있다. 유럽연합집행위원회는 각 지역 시장으로부터의 거리에 기초하여 주변성지수를 구축하였고 이 지수에 따라 지역들을 구분하였다. 〈표 3-5〉가 보여주듯이 상당히 강력한 소득 격차가 있다.

특정 학파 — 예를 들면 임마뉴엘 월러스틴(Immanuel Wallerstein) (남미의 낙후된 경제 현실을 자본주의 체제의 구조적 문제로 보고 중심에 대비되는 주변부의 문제라는 관점에서 접근하는 종속이론 또는 세계체제론의 입장을 대표함. ; 역해자 주) 이나 칼도어 (Nicholas Kaldor) (뮈르달 Gunnar Myrdal과 함께 순환적, 누적적 인과관계론의 대표적 주창자로, 실증적 분석을 토대로 각국의 국내총생산(GDP) 성장과 제조업 부문 성장 간에는 높은 상관관계가 존재한다는 소위 성장법칙을 주장하였음. ; 역해자 주) — 에게 〈표 3-5〉는 아마도 주변성으로부터 시작하여 소득에 이르는 인과관계로 보일 것이다. 요소 이동성이 필요가 없는 중심 - 주변 모형의 변종을 개발하는 것은 어렵지 않다. 전후방연관을 통하여 물적, 인적 자본을 축적한 한 [선진화된 부국] 지역이 이러한 생산요소들이 희소한 지역보다 낮다기보다는 높은 투자수익률을 실현하는 경향이 있다고 가정하자. 그리고 자본축적률 자체는 수익률에 의존한다고 가정하자. 그러면 세계가 내생적으로 빈국과 부국으로 차별화되는 불균등화의 소용돌이 (높은 자본축적률 → 높은 투자수익률 → 부국, 그리고 낮은 자본축적률 → 낮은 투자수익률 → 빈국 ; 역해자 주)를 생각할 수 있다. 이 이야기는 특히 내가 고찰하여 왔던 모형들을 감안하면 조리에 맞는다. 그것은 내가 다른 곳 (Krugman 1981)에서 기술하였던 바로 그 이야기이다.

비록 유럽에서 주변으로부터 시작하여 저소득에 이르는 어떤 인과관계가 분명히 존재하지만, 그러나 나는 주요 인과관계는 다른 방향으로 전개된다고 매우 강력하게 추측한다. 즉 북서유럽은 지리보다는 문화와 관련이 있는 몇 가지 이유로 상대적으로 풍요롭다.[3] 그 결과 부유한 지역들은 또한 대규모 시장에 상대적으로 가까우며 그 시장이 바로 그들 자신이다.

따라서 나는 유럽의 중심 – 주변 패턴이 내가 이러한 강연들에서 강조한 그러한 종류의 요인들(수확체증에 의존하는 공급, 공급과 순환성을 보이는 수요, 그리고 수송비 ; 역해자 주)의 주된 결과는 아니라고 추측하고자 한다 — 비록 내 말이 기꺼이 오류라고 판명되기를 바라지만. 그럼에도 불구하고 그 중심 – 주변 패턴은 거기에 있다. 즉 유럽의 빈곤한 지역들은 일반적으로 시장들로부터도 상대적으로 떨어져 있다.[4]

유럽이 보다 밀접하게 통합(무역비용의 감소 ; 역해자 주)됨에 따라 이 지역들에 어떤 일이 발생할까? 유럽의 선진화된 중심에 대한 저임금 [주변부] 지역들의 접근성이 개선됨에 따라 제조업자들이 주변으로 이동하기를 원할 것이라는 게 그간의 일반적 전제였다. 실제로 그렇게 될 수도 있다. 그러나 비너블즈와 나(Krugman and Venables 1990)는 이러한 전제가

---

3) 로버트 솔로우(Robert Solow)가 한때 언급하였듯이, 국민소득 수준과 성장률의 국가 간 격차를 설명하려는 노력은 대개 '아마추어 사회학'의 불길로 끝난다.

4) 내가 어렸을 때 이러한 다소 선(禪) 같은 관찰을 포함한 '과학적 사실'의 집합을 보았음을 뚜렷이 기억한다. "비록 달이 지구보다 작다 해도 그것 또한 멀리 떨어져 있다."

반드시 옳은 것은 아니라고 주장하였다. 접근성의 개선은 주변부 산업들을 돕는 것이 아니라 실제로 해가 될 수도 있다.

4-2 통합과 주변 산업

두 곳 중 한 곳 혹은 양쪽 모두에 입지할 수 있는 한 산업을 생각해보자. 즉 임금률과 따라서 생산비가 높지만 시장에 대한 접근성이 좋은 하나의 '중심국' 또는 노동비용이 낮으나 시장에 대한 접근성이 덜 좋은 '주변국'이 그곳이다. 수송비 감소는 항상 생산을 중심으로부터 주변으로 이전시키는 경향이 있을 것이라고 생각할 수도 있을 것이다. 그러나 틀린 생각이다.

이유는 수송비 감소가 두 가지 효과를 갖기 때문이다. 즉 그것은 가장 생산비가 저렴한 곳으로 생산을 이전시키기 용이하게 하지만, 또한 규모의 경제를 실현할 수 있도록 생산을 한 지역에 집중하기 쉽게도 한다. 생산이 집중될 때 [보다 높은 임금으로 인하여] 비용은 더 들지만, 접근성이 개선되는 지역에 생산을 집중시키는 것이 [낮은 수송비로 인하여] 이익이 될 수 있다.

〈표 3-6〉은 나와 비너블즈가 처음으로 제안한 가설적 사례를 제공한다. 두 지역의 한쪽 혹은 양쪽에서 생산이 이루어질 수 있는 재화를 생각하자. 벨기에는 중심국이고 스페인은 주변국이라고 간주하자. 단순화를 위하여 총판매는 주어진다고, 즉 수요의 가격탄력성은 무시한다고 생각하고, 생산 입지는 단순히 생산비와 수송비 합계를 최소화하도록 선택된

	생산비	수송비		
		높음	중간	낮음
벨기에서 생산	10	3	1.5	0
스페인에서 생산	8	8	4	0
양국에서 생산	12	0	0	0

다고 가정하자. 생산비는 스페인에서 생산하는 것이 벨기에서 생산하는 것보다 저렴하다. 그러나 규모의 경제 때문에 양쪽에서 생산하는 것보다는 한쪽에서 생산하는 것이 더 싸다. 반면 양쪽 입지에서 생산하는 것이 수송비용은 최소화되지만, 중심인 벨기에서 생산하는 것이 주변국에서 생산하는 것보다 [중심의 수요가 크고 주변의 수요가 작기 때문에] 수송비가 덜 든다.

〈표 3-6〉에서 세 가지 경우를 본다. 즉 수송비가 높거나 중간이거나 낮은(거의 제로) 세 경우이다. 만약 수송비가 높다면 생산은 양쪽에서 이루어지며, 반면 낮다면 저임금국 스페인에서 생산이 이루어질 것이다. 그러나 수송비 하락은 — 〈표 3-6〉의 높은 경우로부터 수송비가 50% 하락하면 — 실제로 생산 입지를 저[생산]비용의 스페인에서 고비용의 벨기에로 이전시킬 것이다.

그 이유는 중간 수준 수송비의 경우, [생산비와 수송비를 포함한] 비용들은 생산을 집중시키는 일이 가치가 있도록 만들 만큼 충분히 낮지만, 여전히 시장들에 대한 접근 (수송비 : 역해자 주) 이 입지의 결정인자로서 생산비[의 차이]를 초과할 만큼 충분히 높기 때문이다. 따라서 이 산업에서 스페인의 산출과 수송비 간의 관계는 단선적이라기보다는 U자형이다. 일부 영역에서는 보다 긴밀한 통합이 실제로 생산을 상대비용의 관점에서 볼 때 예상과는 다르게 움직이도록 이끈다.

또 다시 현재 U자형의 나쁜 부분이 아니라 좋은 부분에 있는 게 아닌가 하고 추측해 보자. 철도와 기선은 (중간 수준 수송비의 경우를 의미하며, U자형의 우측에서 좌측으로 내려가는 부분에 해당함. ; 역해자 주) 주변부의 산업공동화를 야기하였으나 1992년(통합) (낮은 수준의 수송비, 즉 낮은 무역장벽의 경우를 의미하며, U자형의 맨 아래쪽에서 좌측으로 올라가는 부분에 해당함. ; 역해자 주) 은 실제로 주변부 제조업에 이득을 가져올 것이다. 그러나 우리는 확신할 수 없으며 — 또한 그 산출물이 여전히 수송하기 어려운 서비스 산업들은 제조업의 역사를 되풀이 (즉 수송비가 높아서 중심에 서비스 산업이 집중하게 될 가능성이 크고 중심과 주변의 격차가 줄어들지 않는 상태 ; 역해자 주) 할지도 모른다.

05
맺음말

공간을 넘나드는 거래에는 [수송비라는] 비용이 있고 생산에는 규모의 경제가 있다. 이 두 가지 사실은 이번 강연에서 말한 이야기의 핵심이다. 규모의 경제 때문에 생산자들은 각 재화 혹은 서비스의 생산을 제한된 수의 입지에 집중하려는 유인을 갖는다. 거리를 넘나드는 거래의 비용 때문에 각 개별 생산자가 선호하는 입지는 수요가 크거나 요소 공급이 특히 편리한 곳 — 그곳은 일반적으로 다른 생산자들에 의하여 선택되는 입지이다 — 에 있게 된다. 따라서 산업의 집중은 일단 자리 잡으면 스스로 유지되는 경향이 있다. 이는 개별 산업들의 지역화와 보스턴 - 워싱턴 회랑(Boston - Washing corridor)과 같은 대규모 집적들 모두에 적용된다.

나는 이러한 기초적 생각을 비경제학자 친구에게 설명하였는데, 그는 "그것은 당연한 일 아닌가?"하고 불평 어린 답변을 하였다. 물론 그렇다. 그것은 알프레드 마셜(Alfred Marshall)과 앨린 영(Allyn Young), 군나르 뮈르달(Gunnar Myrdal), 앨버트 허쉬만(Albert Hirschman), 앨란 프레드(Allan Pred) 그리고 니콜라스 칼도어(Nicholas Kaldor) 등에게도 명백하였다. 이 강연은 단지 익숙한 생각의 반복이라는 느낌이 있다.

그러나 이 생각이 익숙할 수는 있지만 경제 분석의 주류의 한 부분이 된 적은 없다. 제1강연에서 그 주요한 이유가, 경제학자들이 그 직업의 점증하는 엄정성에 대한 수요를 만족시키는 경제지리학의 모형들을 생산할 수 없었다는 데 있었음을 제시하였다. 그리고 이 무능력은 본질적으로 시장 구조를 모형화하는 문제와 관련이 있었다. 그러한 의미에서 이 강연은 이전의 것들과 다르다. 지난 20년간 산업조직론과 무역학 이론가들의 노력 덕분에 이제 지리를 당신이 좋아할 만큼 엄정하게 만드는 것이 가능해졌다. 지리학자들은 스스로는 아마도 이것을 좋아하지 않을 것이다. 경제학계의 엄정성에 대한 사랑과 동시에 현실주의에 대한 경멸은 분명히 짜증나는 것으로 드러날 것이다. 그러나 나는 내 업계의 사회학에 대항하고자 여기에 있는 것이 아니라 그것을 활용하고자 여기에 있다. 경제지리학의 모형들이 매력적이고 재미있을 수 있음을 보여줌으로써 다른 사람들로 하여금 이 처녀지를 개간하도록 유인하고 싶다.

희망하건대 그 보상은 대단할 것이다. 지역 간 비교는 우리 경제가 실제로 어떻게 작동하는가에 대한 거의 손대지 않은 증거 원천을 제공한다. 이 강연에서 나는 쉽게 얻을 수 있는 자료를 이용하여 몇 가지 약식 계산을 하였다. 진정한 실증 작업에 대한 인내심을 가진 누군가에 의하여 분명히 훨씬 많은 것들이 성취될 수 있을 것이다.

경제지리학은 상당한 정책 타당성을 가지기도 한다. 지역 이슈들은 그 자체로서 중요하다. 나는 이 제3강연에서 국제경제 이슈들에 대한 대안적 접근을 함에 있어서 지리적 관점이 또한 유용함을 지적하고자 노력하였다.

그러나 내게 가장 중요한 것은, 경제지리학의 연구가 경제학을 기초적으로 다시 사고할 수 있도록 지원해준다는 점이다. '경로의존성'에 대한 점증하는 관심에도 불구하고 대부분의 경제 분석은 내가 TTFE라고 생각하고 싶은 유형의 모형에 의하여 여전히 지배된다. 즉 경제의 행태는 기본적으로 그 (외생적으로 주어진) 기호(Taste), 기술(Technology) 그리고 요소부존도(Factor Endowments)에 의하여 기본적으로 결정된다는 것이다. 폴 데이비드(Paul David 1985)가 (타자기 자판의 임의적 배치를 따라서) QWERTY라고 부른 것이 TTFE에 대비된다. 즉 한 경제의 중요한 측면들은 불확정적이며 역사와 우연에 의하여 결정된다는 생각이다.

다수의 경제학자들은 QWERTY가 심각하게 불온하며 문제가 많다고 본다. 폴 데이비드(Paul David), 브라이언 아서(Brian Arthur 1986, 1990) 및 그들 이전의 다른 사람들과 마찬가지로 나는 그것이 흥미롭고 영감을 준다고 본다. 그러나 내가 심지어 이 경제지리학에 대한 이 예비적 연구로부터 내린 결론은, 당신이 경로의존성을 매력적으로 생각하든 또는 오싹하게 생각하든 그것은 중요하지 않다는 것이다. 적어도 경제활동의 공간적 입지에 관한 한, 한 경제의 형태는 주로 역사적 우연에 의하

여 형성된다는 견해가 형이상학적 가설이 아니라 명백한 사실이기 때문
이다.

부록

부록 A
중심 – 주변 모형

제1강연은 규모의 경제, 수송비 및 이주의 상호 작용에 기초한 '중심-주변 경제지리학'의 내생적 발전 모형을 개괄하였다. 그러나 제시된 바와 같이 그 모형은 매듭짓지 못한 많은 것들을 갖고 있었다 — 즉 그것은 사실 완전히 명시적인 모형이 아니었다. 이 《부록》의 목적은 같은 이야기를 하되 매듭짓지 못한 것들이 전혀 없는 하나의 버전을 펼쳐 보이는 데 있다. 완전히 명시적인 중심-주변의 일반균형 모형이다. 보게 되겠지만, 동일한 기초적 결론이 드러난다.[1]

---

1) 실제로 이 공식적 모형은 처음 나왔다(Krugman 1991a). 제1강연에서 제시된 비공식적 버전은 이 공식적 모형이 왜 그렇게 작동하는가에 대한 일부 직관을 제시하는 하나의 방식으로서 처음에 고안되었다. 나는 그것을 아류 버전(덜 엄밀하지만 맛은 같은)으로 생각한다.

모형의 전제들

　동쪽과 서쪽의 두 개의 입지를 갖고 농산물과 공산품의 두 종류의 재화를 생산하는 한 나라를 생각해보자. 농업 생산은 동질적이어서 수확불변과 완전경쟁 하에서 생산된다. 공산품은 다수의 차별화된 생산물로 구성되며, 각각은 독점적 경쟁의 시장 구조를 가지며 규모의 경제 하에서 생산된다.

　경제 내 모든 주체는 동일한 기호를 공유하는 것으로 가정된다. 효용은 농산물 (A로 약칭됨. ; 역해자 주)과 총공산품(a manufactures aggregate) (M으로 약칭됨. ; 역해자 주) 소비의 콥다글라스(Cobb-Douglas) 함수이다.

$$U = C_M^{\pi} C_A^{(1-\pi)} \qquad (A.1)$$

　이러한 주어진 함수 형태에서 π는 공산품에 대한 지출 비중임을 주목하라.

　총공산품은 다시 개별 공산품 소비의 CES (대체탄력성이 일정함. ; 역해자 주) 함수이고, 그 공산품의 전부는 아니지만 다수는 실제 생산된다.

$$C_M = \left[\sum_i c_i \frac{\sigma-1}{\sigma} \right]^{\frac{\sigma}{\sigma-1}} \qquad (A.2)$$

　다수의 공산품이 생산되는 한 이 함수 형태는 개별 재화에 대한 수요 탄력성이 단순히 σ (전형적인 CES 생산함수 $Q=A[\delta K^{-\rho}+(1-\delta)L^{-\rho}]^{-1/\rho}$ 의 대체탄력성은 $1/(1+\rho)$임. ; 역해자 주) 임을 보장한다.

각각 특정 부문에 고유한 두 개의 생산요소가 있다. '농부'는 농산물을 생산하고 '노동자'는 공산품을 생산한다. 농부는 노동자가 될 수 없으며 노동자 역시 농부가 될 수 없다. 표기를 덜 하기 위하여 총 $1-\pi$명의 농부와 π명의 노동자가 있도록 단위를 선택한다.(이러한 단위의 선택은 농부와 노동자의 임금이 균형에서 동일하게 되는 결과를 낳는다.)

농부의 지리적 분포는 고정된 것으로 보아 각 지역에 $(1-\pi)/2$의 농부가 있다. 노동자들은 어디든지 더 높은 실질소득을 제공하는 곳으로 이동한다.

농부들은 규모에 대한 수확불변의 제약 아래에서 재화를 생산한다. 제조업에서 규모의 경제는 선형비용함수의 형태를 취하는데, 거기서 제조업 노동자로 표현되는 고정비용은 어떠한 것이건 개별적으로 다양한 공산품을 생산하려면 발생하기 마련이다.

$$L_{Mi}=\alpha+\beta x_{Mi} \qquad (A.3)$$

끝으로 양 지역 간에 공산품을 수송하는 데에는 비용이 든다고 가정한다. 이는 새뮤얼슨의 '빙산'(iceberg) 형태를 취해서, 선적된 한 재화의 단지 일부만이 도착한다.(따라서 수송비는 사실상 선적된 재화에서 발생한다.) 우리는 $\tau<1$이 실제로 도착하는 선적된 공산품의 일부분이라고 하자. 농산품의 수송은 비용이 들지 않는다고 가정하는데, 이는 분석의 편의

를 위한 가정이다. 이는 농부의 임금률과 농산물 가격이 두 지역에서 같음을 보장한다.

가격 결정과 경쟁

각각이 규모의 경제에 의하여 생산되는 다수의 잠재적 공산품이 있기 때문에 어떠한 두 개의 기업도 동일한 재화를 생산하고자 시도할 이유는 없다. 공산품의 시장구조는 따라서 독점적 경쟁의 하나가 될 것이다.

어떠한 재화건 그 생산자는 하나의 수요탄력성 σ에 직면할 것이다. 그의 이윤 극대화 가격은 따라서 한계비용 대비 일정한 마크업(markup)이다.

$$p_i = \frac{\sigma}{\sigma - 1} \beta w \qquad \text{(A.4)}$$

여기서 w는 제조업 노동자의 임금률이다. 그러나 진입비용이 없다면 이윤은 0이 될 것이다. 무이윤 조건은 다음과 같이 될 수 있다.

$$(p - \beta w)x = \alpha w \qquad \text{(A.5)}$$

이윤이 0이면 가격은 평균비용과 같음에 주목하자. 그러나 이것은 한계비용 대비 평균비용의 비율 — 규모의 경제의 하나의 척도이다 — 이 단지 $\sigma/(\sigma-1)$임을 의미한다. 따라서 균형의 규모의 경제는 단지 σ의 함수이며, 따라서 σ는 기술보다는 선호의 파라미터이지만 그럼에도 불구하고 수확체증의 중요도의 일종의 역의 지수로서 역할을 한다.

무이윤과 가격 결정 조건들은 결합하여 대표적인 제조 기업의 산출량이 다음과 같음을 의미하게 된다.

$$x = \frac{\alpha(\sigma - 1)}{\beta} \qquad (A.6)$$

L_M의 노동자를 거주 노동력을 갖는 한 지역을 고려해보자. 그 지역이 생산하게 될 공산품의 수는 다음과 같다.

$$n = \frac{L_M}{\alpha + \beta x} = \frac{L_M}{\alpha \sigma} \qquad (A.7)$$

중심-주변 패턴의 지속 가능성

이제 다음 질문을 던진다. 모든 제조업이 한 입지에 집중되어 있고 여타 지역은 단지 농업만 하는 상황이 균형인가? 우리가 어느 지역을 선택하건 문제가 되지 않는다. 이제 동쪽은 제조업을 하는 중심이고 서쪽은 농업을 하는 주변으로 기능하는 어떤 균형의 지속 가능성에 대하여 고찰한다.

곧 보게 되겠지만, 하나의 제조업 중심을 존속하도록 하는 경향이 있는 두 개의 구심력과, 그것을 떼어 놓으려는 경향이 있는 하나의 원심력이 있다. 중심을 함께 지탱하는 것들은 (1)대규모 시장에 접근하여 입지하려는

기업들의 욕구와 (2)여타 노동자들이 생산하는 재화에 대한 접근성을 갖고
자 하는 노동자들의 욕구이다. 이 두 힘은 허쉬만(Hirschman, 1958)의
전방연관과 후방연관의 개념에 각각 상응하는 것으로 생각될 수도 있다. 중
심을 떼어 놓으려는 경향은 주변부 농업시장에 서브하고자 밖으로 나가려
는 기업들의 유인이다. 우리가 하고자 하는 것은 전후방연관들이 정립된 중
심을 유지할 만큼 충분히 강한지 여부를 결정하는 기준을 도출하는 것이다.

우리는 단위들에 대한 선택이 주어진 상황에서 노동자들과 농부들의
임금률이 같아진다는 것을 지적하며 시작한다. 즉 지출 비율 π는 공산품
(수송 도중 '녹아 사라지는' (앞의 수송비에 대한 가정(iceberg)에 따라 재화의 수송에는 수
송비가 발생하며, 수송비는 수송되는 재화의 일부가 녹아 사라지는 것으로 표현됨. ; 역해자 주) 그
러한 재화를 포함한)에 지출되며, 그리고 (이윤은 0이기 때문에) 결국 노
동자들의 임금으로 귀결된다. 그러나 또한 인구의 일정 비율 π는 노동자
들이 되도록 단위들을 선택하였다. 따라서 이러한 단위 선택 하에서 임금
률은 불가피하게 동일하게 될 것이다.

이제 두 지역의 소득이 어떻게 비교되는지 묻자. 동쪽은 총소득의 (1-
π)/2의 몫을 받는 절반의 농부가 있고, 또한 π의 몫을 받는 모든 노동자들
이 있다. 총소득이 1이라면 동쪽의 소득은 다음과 같다.

$$Y^E = \frac{1+\pi}{2} \qquad\qquad (A.8)$$

반면 서쪽은 이동 불가능한 농부들만 있는데, 이들은 소득의 (1-π)/2

의 몫을 받는다. 따라서 서쪽의 소득은 다음과 같다.

$$Y^W = \frac{1-\pi}{2} \qquad \qquad (A.9)$$

이 상황은, 모든 제조업이 동쪽에 집중되어 있으며 어떠한 농부들도 서쪽으로 들어가는 것이 이득이 되지 않는다면 지속 가능할 것이다. 이제, 하나의 개별 기업이 서쪽에서 생산에 착수하고자 떠나버린다면 그것이 이득이 되는지 여부를 결정해야만 한다.

n을 동쪽에서 현재 생산하고 있는 기업들의 (큰) 수라고 하자. 그러면 이러한 기업들 각각의 판매액은 다음과 같다.

$$s^E = \frac{\pi}{n} \qquad \qquad (A.10)$$

만약 어떤 기업이 서쪽에서 생산을 시작하고자 시도한다면, 노동자들을 유인할 필요가 있을 것이다. 이것을 하려면 동쪽의 기업들이 지불하고 있는 것보다 더 높은 임금을 지불할 필요가 있을 것인데, 왜냐하면 모든 공산품(그 자체의 무시할 만한 기여는 그렇다 쳐도)은 수입되어야 할 것이기 때문이다. 운송되는 한 재화의 단지 일부인 τ만큼만이 도착함을 기억하라. (나머지 $(1-\tau)$만큼은 수입 과정에서의 수송비로 지불됨. ; 역해자 주) 따라서 서쪽에서의 공산품 가격은 동쪽에서의 그것보다 $1/\tau$배 만큼 높게 될 것이다. 공산품과 농산품의 기하평균인 총물가지수는 따라서 $\tau^{-\pi}$배 만큼 높게 될 것이다. 노동자들을 유인하려면, 이탈하는 기업은 기존 기업들의 실질임금에 맞추어야 하고, 따라서 동쪽에서 지급되는 것보다 $\tau^{-\pi}$배의 명목임금을 지불해야 한다.

그러나 한 기업에 의하여 매겨진 가격은 한계비용에 대한 고정된 마크업이며, 한계비용은 다시 임금에 비례한다. 따라서 하나의 신생 서쪽 기업에 의하여 매겨진 가격은 동쪽의 기존 기업들의 가격을 다음과 같은 비율로 초과할 것이다.

$$p^W = p^E \tau^{-\pi} \qquad\qquad (\text{A.11})$$

소비자들에 대한 가격은 수송비 때문에 기업들이 매긴 가격과는 다를 수 있다. 동쪽의 소비자에게 어떤 서쪽 재화의 상대가격은 (A.11)의 가격보다 $1/\tau$만큼 높다. 즉 상대 소비자가격은 $p_W/\tau p_E$이다. 서쪽의 소비자에게 수송비를 유발하는 것은 동쪽 재화이다. 그녀(서쪽 소비자; 역해자 주)에게 서쪽 재화의 상대가격은 $\tau p_W/p_E$이다.

서쪽 재화의 상대가격 1% 상승은 해당 재화의 소비를 대표적인 동쪽 재화의 소비에 비하여 σ%만큼 감소시킨다. 그러나 그 높은 가격 때문에, 그 높아진 가격은 상대적 지출을 단지 $\sigma-1$%만큼 감소시킨다. 우리는 이 결과를 이용하여 이탈하는 기업의 판매액을 도출할 수 있다. 동쪽과 서쪽의 소득을 유념하면 그것은 다음과 같다.

$$s^W = \frac{\pi}{n}\left[\frac{1+\pi}{2}\left(\frac{p^W}{p^E\tau}\right)^{-(\sigma-1)} + \frac{1-\pi}{2}\left(\frac{p^W\tau}{p^E}\right)^{-(\sigma-1)}\right] \quad \text{(A.12)}$$

이제 이 판매액을 동쪽의 전형적인 기존 기업의 판매액과 비교하여 표현해보자. 방정식 (A.10)로 나누면 우리는 다음을 얻는다.

$$\frac{s^W}{s^E} = \frac{1+\pi}{2}\tau^{(1+\pi)(\sigma-1)} + \frac{1-\pi}{2}\tau^{-(1-\pi)(\sigma-1)} \quad \text{(A.13)}$$

이제 기업들은 한계비용에 대하여 고정된 마크업을 매길 것이다. 따라서 그들은 판매액의 고정 비율인 영업잉여를 얻는다. 따라서 처음에는 오직 $s_W/s_E > 1$이어야만 이탈하는 것이 이득이 되는 것처럼 보일 수도 있다. 그러나 이것은 옳지 않은데, 왜냐하면 영업잉여에 의하여 충당되어야 하는 고정비용이 또한 노동에서도 발생하기 때문이며, 따라서 고정비용은 이탈기업에는 또한 $\tau^{-\pi}$의 비율로 높다. 다음과 같으면 이탈하는 것이 이득이 될 뿐이다.

$$s_W/s_E > \tau^{-\pi} \quad \text{(A.14)}$$

따라서 새로운 변수 K를 $\tau^{-\pi}s_W/s_E$와 같도록 정의하자.

$$K = \frac{\tau^{\pi\sigma}}{2}\left[(1+\pi)\tau^{\sigma-1} + (1-\pi)\tau^{-(\sigma-1)}\right] \quad \text{(A.15)}$$

만약 K가 1보다 크면, 서쪽에서 생산을 시작하는 것이 이득이 될 것이다. $K<1$이어야만 중심-주변 균형이 지속 가능하다.

우리가 보듯이 K는 모형의 세 가지 파라미터들에 의존하는 하나의 지수이다. 즉 π는 지출에서 공산품의 비율이고, t는 수송비의 역의 측정치이며, σ는 균형 규모의 경제에 역으로 연관된다. 다음 단계는 이 의존성의 성격을 명확히 하는 것이다.

균형의 성격을 결정하는 요인들

K가 하는 일은 영역을 규정하는 것이다. 즉 중심-주변 패턴이 지속 가능하게 되는 가치들의 세트이다. 이 영역을 추적하기 위하여 1주변의 K의 속성을 평가할 필요가 있다. 즉 파라미터 중의 하나가 그 주변에서 변화하면, 다른 파라미터들은 K를 불변으로 하기 위하여 어떻게 변화해야 하는가?

평가하기 가장 쉬운 파라미터는 지출에서 공산품의 비율, 즉 π이다. 우리는 다음을 안다.

$$\frac{\partial K}{\partial \pi} = \sigma K \ln(\tau) + \tau^{\sigma\pi}\left[\tau^{\sigma-1} - \tau^{-(\sigma-1)}\right] < 0 \qquad \text{(A.16)}$$

증가된 π가 K에 미치는 효과는 명확히 부(negative)이다. 즉 소득에서 제조업의 비중 상승은 중심-주변 패턴을 보다 그럴 듯하게 만든다.

(A.16)에서 두 항에 의하여 표현되는 두 가지 이유가 있다. 첫째, 이탈 기업에 의하여 지불되어야 하는 임금프리미엄의 규모는 나아가 전방연관을 불러일으키는데, 보다 강해진다. 둘째, 중심 시장의 상대적 규모는 후방연관을 불러일으키는데, 또한 보다 강해진다.

다음으로 수송비의 효과를 고려하자. (A.15)를 점검함으로써 우리는 다음을 알 수 있다. 첫째, $\tau=1$, $K=1$일 때, 즉 수송비가 0일 때 입지는 상관없다. 둘째, τ가 매우 작을 때(수송비가 매우 높을 때) K는 다음에 접근한다.

$$\lim K_{\tau \to 0} = \frac{1}{2}\tau^{1-\sigma(1-\pi)} \qquad\qquad (A.17)$$

만약 σ가 작지 않거나(규모의 경제가 큰) π가 크면, 이는 낮은 τ에 대하여 임의적으로 커진다. 잠정적으로 $\sigma(1-\pi)>1$이라고 가정하자. 대안적 경우의 경제학은 금방 명확해질 것이다.

마지막으로 (A.15)를 τ에 대하여 미분한다.

$$\frac{\partial K}{\partial \tau} = \frac{\sigma \tau K}{\tau} + (\sigma-1)\frac{\tau^{\sigma\pi}}{2}\left[(1+\pi)\tau^{\sigma-2}-(1-\pi)\tau^{-\sigma}\right] \qquad (A.18)$$

비록 (A.18)의 기호가 일반적으로 애매모호하다 해도, 둘째 항과 따라서 전체 표현은 τ가 1에 가까우면 항상 정(positive)이다.

이러한 관찰들을 모두 묶으면, 〈그림 A-1〉과 같이 K의 형태를 τ의 함수로서 얻게 된다. K는 τ의 값이 작으면 1보다 크고, 수송비의 일정한 임계수준

〈그림 A−1〉

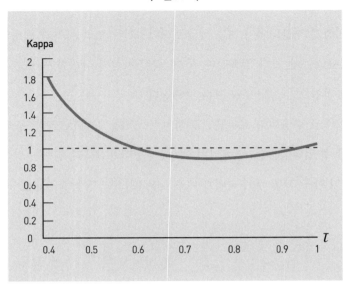

에서는 1보다 작으며, 그 다음에는 밑으로부터 1로 접근한다. 상대적으로 낮은 수송비에 해당하는 t의 상위 수준에서만 중심-주변 패턴은 유지 가능하다. t의 임계적 값의 주변에서 t에 대한 K의 도함수는 부(negative)임을 주목하라.

$\sigma(1-\pi)<1$인 경우 또한 이제 해석할 수 있다. 이는 규모의 경제가 매우 강한 상황이며 따라서 공산품의 비중은 매우 높고, 그래서 노동자들은 수송비가 무한대라 해도 보다 큰 제조업 부문을 갖는 지역에서 보다 높은 실질임금을 갖게 될 것이다.

마지막으로 우리는 σ의 효과로 돌아간다. 우리는 다음을 안다.

$$\frac{\partial K}{\partial \sigma}=\pi K \ln(\tau)+\frac{\tau^{\pi\sigma}}{2}(\sigma-1)\ln(\tau)[(1+\pi)\tau^{\sigma-1}-(1-\pi)\tau^{-(\sigma-1)}] \qquad (A.19)$$

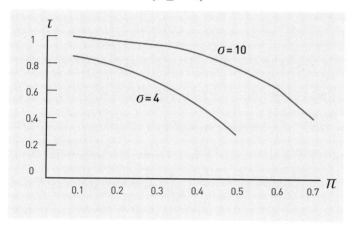

〈그림 A-2〉

(A.19)를 (A.18)과 비교함으로써 τ에 대한 K의 도함수가 부(negative)라면, 경계선에 인접하기 마련인데, σ에 대한 도함수는 정(positive)이 되어야 한다.

이제 경계선의 형태를 고찰할 수 있다. 우선 σ를 고정하고 τ의 임계값을 π의 함수로서 찍는다. 우리는 다음을 안다.

$$\frac{\partial \tau}{\partial \pi} = -\frac{\partial K/\partial \pi}{\partial K/\partial \tau} < 0 \qquad\qquad (A.20)$$

따라서 π, τ 영역에서 경계선은 〈그림 A-2〉에서 보듯이 우하향한다. 우리의 앞선 논의를 주어진 것으로 하면, $\tau=1$에서 종축과 만나고 $\pi=(\sigma-1)/\sigma$에서 횡축과 만난다.

이 경계선은 σ가 증가되면 밖으로 이동할 것이다. 우리는 다음을 안다.

$$\frac{\partial \pi}{\partial \sigma} = -\frac{\partial K/\partial \sigma}{\partial K/\partial \pi} > 0 \qquad (A.21)$$

따라서 규모의 경제의 중요성의 감소를 표현하는 σ의 증가는 경계선을 우측으로 이동시키며, 이는 중심-주변 패턴을 유지하기 어렵게 한다.

이제 우리는 이러한 공식적 모형이 제1강연에서 다소 대략적으로 말한 이야기를 본질적으로 강화함을 본다. 하나의 입지가 제조업 중심으로 부상하고 다른 하나가 농업 주변이 되는 하나의 패턴은, 대규모 규모의 경제, 낮은 수송비 그리고 지출에서의 제조업의 높은 비중 간의 어떤 조합에 달려 있다.

부록 B
역사 대(對) 기대

　제1강연에서의 변화의 과정에 대한 논의에서 기대에 대한 이슈가 불가피하게 등장하였다. 규모의 경제와 수송비 간의 상호 작용으로부터 발생하는 외부경제가 사실상 중심 - 주변 패턴을 유발할 정도로 매우 크다고 가정하자. 어느 지역이 중심으로 부상할 것인가? 산업화를 먼저 시작한 지역이 중심이 될 것이라고 가정하는 것이 자연스럽겠지만, 좀 더 생각해보면 이것은 반드시 그런 것은 아님을 알게 된다. 왜냐하면 모든 사람이 어떤 이유로 다른 지역이 중심이 될 것이라고 믿게 된다면, 그런 믿음에 따라 그곳으로 이동하는 행동을 하게 되면 이는 자기완결적(self-fulfilling) 예언이 될 것이다.

　따라서 우리는 중심과 주변의 입지를 결정함에 있어서 자기완결적 예언인 '기대'에 대립하는 것으로서 초기 조건인 '역사'의 상대적 중요성에 대하여 생각해볼 필요가 있다.

　이《부록》에서 나는 크루그먼(Krugman 1991b)에 기초하여 시사적인 접근을 제시한다. 이상적으로 말하면, 이 분석은《부록 A》에서 착수된 공식적인 중심-주변 모형의 명시적 활성화에 기초하게 될 것이다. 실제로 이것은 너무 어렵다. 이 문제를 다룰 수 있도록 하기 위하여, 엄격하게 말하면 이 모형과 일관되지 않은 선형성을 가정할 필요가 있다. 그러나 이 모형의 기본 정신은 보존되고 있으며, 따라서 이 접근은 여전히 유용한 통찰을 낳는다.

그러면 두 지역으로 구성된 한 경제를 고려해 보자. 지역 간에 이동 가능한 하나의 생산요소인 노동이 있다. 외부경제를 명시적으로 모형화하는 대신에, 지역1과 지역2의 실질 임금률 간의 격차는 지역1에 입지한 총노동력 L의 몫에서 증가하고 있다고 가정하자.

$$w_1 - w_2 = \alpha(L_1 - \overline{L_1}) \qquad \text{(B.1)}$$

여기서 자연스러운 즉흥적 가정은 더 높은 실질임금을 제공하는 지역으로 노동이 이동한다는 것이다. 그리고 이 단순한 가정은 제1강연의 논의와 그림에서 이루어진 바로 그것이다. 그러나 당면한 목적을 위하여 우리는 잠재적 이주민쪽에서의 보다 정교화된 행태를 가정한다. 첫째, 이동에는 비용이 들며, 이는 총이동률에서 볼록하다(convex). 따라서 노동자 총소득은 그들의 임금에서 이동비용을 제한 것과 같으며, 이것을 우리는 이차적인(quadratic) 것으로 가정한다.

$$Y = w_1 L_1 + w_2 L_2 - \frac{1}{2\Upsilon}(\dot{L_1})^2 \qquad \text{(B.2)}$$

다음, 노동자들은 미래 지향적이라고 가정한다. 사실 그들은 두 지역의 실질임금의 미래 경로에 대하여 완전한 예지력을 갖는다. 이는 그들로 하여금 다른 지역에 대립되는 것으로서 한 지역에 입지하는 것의 현재 가치를 부여하게 한다. Υ을 할인율(나는 여기서 이 할인율 그 자체가 내부에서 결정되는 하나의 모형을 향하여 가는 전 과정을 끝까지 지속하려고 시도하지는 않는다)이라고 하자. 그러면 어떤 시기 t에 지역2가 아니라 지역1에 입지하는 가치 — 비록 부(negative)의 가치를 취할 수도 있는 일종의 자산 — 는 다음과 같다.

$$q(t) = \int_t^\infty [w_1(\tau) - w_2(\tau)] e^{-\gamma(\tau - t)} d\tau \qquad \text{(B.3)}$$

우리는 이제 이주의 동학으로 돌아갈 수 있다. 노동자들이 이동하는 비율은 지역1로 이동하는 한계비용이 입지 이동에서 얻는 이득과 같아지게 되는 수준이 될 것이다. 이는 다음을 의미한다.

$$\dot{L}_1 = \Upsilon q \qquad \text{(B.4)}$$

(B.3)을 미분하면(또는 표준적인 자산 가격 결정을 생각함으로써) 우리는 다음을 얻는다.

$$\begin{aligned} \dot{q} &= \gamma q - (w_1 - w_2) \\ &= \gamma q - \alpha(L_1 - \bar{L}) \end{aligned} \qquad \text{(B.5)}$$

방정식 (B.4)와 (B.5)는 q와 L_1의 동학체계를 정의한다. 이 체제의 운동법칙은 〈그림 B-1〉에 나타나 있다. 중심 균형이 불안정한 것은 명확하다. 이 체제는 시간이 경과하면 모든 노동력이 지역1에 집중하는 점1이나 모든 노동력이 지역2에 집중하는 점2에 수렴한다. 노동력의 초기 분포가 주어졌다고 할 때, '자산가격' q는 경제를 하나의 균형 혹은 다른 균형에 도달하는 길에 접어들게 만드는 수준까지 올라간다. 그러한 경로는 구조상 경제주체들의 기대가 사실상 입증된다는 의미에서 균형이다. 그러나 경제가 어느 경로를 따르는가 그리고 그것이 어느 지역으로 수렴하는가?

〈그림 B-1〉

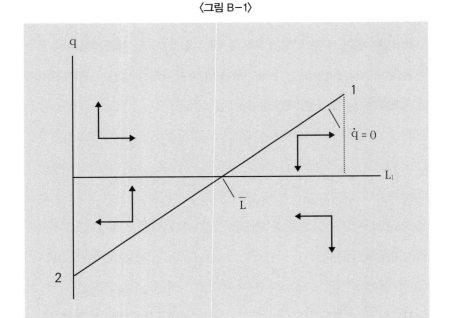

차분방정식의 쌍 (B.4)와 (B.5)는 두 개의 근을 갖는다. 즉 그들은 다음과 같다.

$$\lambda_1 = \frac{\gamma + \sqrt{\gamma^2 - 4\alpha \Upsilon}}{2}$$
$$\lambda_2 = \frac{\gamma - \sqrt{\gamma^2 - 4\alpha \Upsilon}}{2} \qquad\qquad (B.6)$$

이 두 근은 모두가 정(positive)이거나 혹은 둘 다 복소수이다. 이들은 두 개의 질적인 경우들을 정의한다.

이 두 근이 정이라면, 경제가 지향해가는 경로는 기껏해야 하나의 방향 역전을 가질 수 있다. 따라서 〈그림 B-1〉에서 나타난 운동의 법칙과 일

〈그림 B-2〉

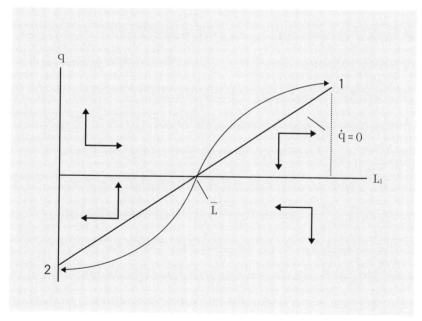

관된 장기균형으로 향하는 유일한 길은 〈그림 B-2〉에서 나타난 것들이다.

〈그림 B-2〉의 경제적 해석은 어떤 지역이건 간에 보다 많은 노동자들을 갖고 시작한 지역에 노동력이 집중한다는 것이다. 여기서 기대의 유일한 역할은 역사의 역할을 강화하는 것이다. 지역1이 보다 많은 노동자들로 시작한다고 가정하자. 그러면 이주를 생각하는 노동자들은 그 지역1이 보다 많은 노동자들을 유인할 것이며, 따라서 지역2에 대한 우위를 강화할 것이라고 인식할 것이다. 그들은 따라서 지역1에 입지하는 것에 보다 높은 가치를 부여할 것이며, 그래서 경상적 임금 격차의 현재가치보다 더 급속히 이주할 것이다. 이는 그림에서 S자 곡선이 동일실질임금선보다 더욱 가파르다는 사실로 표현된다.

근들이 복소수라면 어떻게 될 것인가? 양 경로는 정의 실질부분을 갖게 될 것이다. 따라서 어느 경로도 중앙의 특이성(singularity)으로부터 밖으로 나선형 모양을 갖게 된다. 장기적으로 L_1은 0이나 총노동력 L에 도달할 것이며, q는 해당 노동력 배분에서 임금 격차의 현재할인가치가 될 것이다. 따라서 가능한 경로들은, 〈그림 B-3〉에서 보듯이 중앙으로부터 밖으로 두 개의 가능한 장기균형에 이르는 두 개의 나선형 팔이다.

이러한 예술적으로 기묘한 그림이 우리에게 무엇을 말하는가? 나선형에 지나치게 초점을 맞출 필요는 없는데, 왜냐하면 곧 명확해질 것이기 때문이다. 그 대신 중요한 점은 L_1의 초기 값의 범위가 있다는 것인데, 그로부터 장기균형의 어느 하나에 도달할 수 있다. 만약 L_1이 서로 겹치는 나선형 지역의 어디에서건 출발한다면, 그러면 둘 중 하나의 장기균형으로

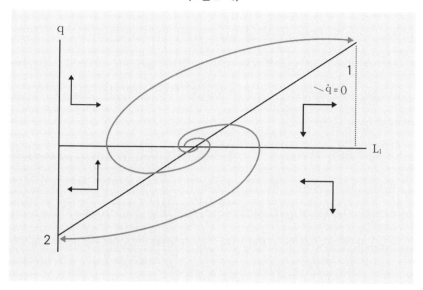

이어지는 자기완결적 기대의 길이 적어도 하나 존재한다. 달리 말하면, 우리는 가령 지역1에 60%의 제조업을 갖고 시작할 수 있으나, 모든 사람들이 지역2가 중심이 될 것이라고 기대하면 그러한 믿음에 기초한 개인들의 합리적 행동이 실제로 그러한 기대가 사실임을 보여줄 것이다.

이제 노동력 배분들의 영역에 대하여 언급하고자 하는데, 그로부터 어느 하나의 장기 균형에 '겹침'(overlap)으로서 도달할 수 있다. 만약 겹침이 존재하고 L_1이 그 안에 있다면, 이 모형은 기본적 불확정성에 직면함이 명백하다. 사실 그 불확정성은 처음 보이는 것보다 훨씬 악화된다. 〈그림 B-3〉에서 보듯이, L_1의 초기 값이 겹침 안에 주어진 상황에서 각각의 방향으로 이어지는 몇 개의 경로들이 있을 수 있다. 더욱이 스스로를 결정론적인 경로들로 제약할 이유는 없다. 대신 확률적 경로들을 가질 수도 있으며, 거기서는 노동자 이주 방향의 급격한 역전에 이를 수도 있는 q에서 노동자들이 이산적 점프들에 대하여 어느 정도 개연성을 부여한다. 본질적으로 겹침 안에서 우리는 흑점과 통화론자들이 사랑하는 합리적 거품의 영역에 있게 된다.

따라서 겹침 안에서 무엇이 발생하는지에 대하여 말할 수 있는 게 많지 않다. 그러나 우리는 이러한 이상한 가능성들이 어떠한 것인가에 대하여 여전히 질문할 수 있다. 언제 겹침이 있으며 그리고 얼마나 큰가?

하나의 겹침의 존재는 복소수인 근들(B.6)에 의존한다. 이것은 그래서 하나의 겹침에 대한 우리의 기준을 제공한다.

$$r^2 < 4\alpha\Upsilon \qquad\qquad (B.7)$$

이것은 명백한 경제적 해석을 갖는다. 첫째, 하나의 겹침은, 만약 할인율이 낮으면, 따라서 사람들이 미래의 임금 격차(이것은 타인들의 행동에 대한 그들의 기대에 의존한다)를 현재에 비하여 매우 높게 평가하면 발생할 가능성이 크다. 둘째, 하나의 겹침은, 만약 사람들로 하여금 타인들과 같은 것을 하기를 원하도록 만드는 외부경제가 크다면 발생할 것이다. 마지막으로 그리고 가장 중요한 것은, 만약 지역 간 자원이 재배분될 수 있는 비율이 높다면, 그래서 기대가 자기완결적일 수 있다면, 겹침이 존속할 것이라는 점이다.

겹침이 존재할 것인가 아닌가를 결정하는 요인들이 그 영역 — 즉 어느 방향으로건 수렴으로 이르는 자기완결적 기대가 존재하게 되는 초기 조건들의 영역 — 을 결정한다. 특히 적용 속도가 증가할수록, 겹침은 증가하고 궁극적으로 전 공간을 포함한다.

이 모형이 현실에 대하여 말하고자 하는 바는 무엇인가? 내가 추측컨대 웅대한 수준에서의 중심-주변 이슈에서는 역사가 지배하고, 기대는 기껏해야 그것이 이루어지도록 돕는다. 자본과 노동이 지역 간에 이동할 수 있는 속도는 단지 너무 느려서 달리 생각할 게 없다. 나는 가령 선 벨트('태양이 비치는 지대'라는 뜻으로, 미국의 노스캐롤라이나 주에서 태평양 연안의 남부 캘리포니아에 이르는 북위 37° 이남의 지역을 지칭하며, 1970년대까지 대체로 낙후된 농업 지역이었으나, 이후 온화하고 쾌적한 생활환경, 풍부한 천연자원, 값싼 노동력과 지대 및 세제 혜택 등을 배경으로 첨단산업들의 이주가 늘어나는 지역임. ; 역해자 주)의 발흥 수준에서의 사건들이 잠재적으로 자기완결적 예언을 구성할 만큼 충분히 빠르게 발생할 수 있다고는 믿지 않는다.

그러나 소규모 사건들에서는 나는 그렇게 확신하지는 않는다. 개별 도시들 그리고 그보다는 조금 큰 지역들의 흥망은 사실상 종종 자기완결적 낙관주의와 비관주의의 결과일 수 있다.

부록 C
노동시장 풀링

제2강연에서는 두 개 기업의 사례를 이용하고 기결정된 임금의 경우에 초점을 맞추어, 특화된 노동자 시장의 풀링이 왜 이득이 되는가를 제시하고자 시도하였다. 이《부록》에서 나는 다수의 기업을 허용하고 노동시장이 항상 청산된다고 가정하는 다소 다른 모형을 제공함으로써 일반적 아이디어의 보다 넓은 영역을 제시하고자 한다.

그러면 다수 기업이 있다고 가정하자. 노동이 유일한 쟁점이 되는 수입함수로 각 기업을 표현하고, 그 사례를 위하여 이 함수는 노동의 한계수입생산에 대하여 가산성의 기업 고유의 충격을 갖는 2차 함수라고 가정하자.

$$R_i = \alpha + (\beta + \varepsilon_i) L_i - \frac{\Upsilon}{2} L_i^2 \qquad \text{(C.1)}$$

우리는 기업들이 노동시장에서 과점자로 행동할 가능성을 무시한다. 각 기업은 단지 노동의 한계수입생산물이 임금률과 같도록 유지할 것이다.

$$w = \beta + \varepsilon_i - \Upsilon L_i \qquad \text{(C.2)}$$

이는 각 기업으로부터의 노동 수요 함수를 의미한다.

$$L_i = \frac{\beta + \varepsilon_i - w}{\Upsilon} \qquad \text{(C.3)}$$

그 입지 안에서 우리는 노동시장이 청산된다고 가정한다.

$$\sum_{i=1}^{n} L_i = L \qquad \text{(C.4)}$$

여기서 n은 기업의 수이다.

임금률은 노동자 수, 기업 수 및 개별 기업들이 경험하는 충격에 의존할 것이다.

$$w = \beta - \frac{\Upsilon L}{n} + \frac{1}{n} \sum_i \varepsilon_i \qquad \text{(C.5)}$$

이제 기업들이 경험하는 충격이 상관되지 않으며(uncorrelated) 분산은 σ^2이라고 가정한다. 그러면 먼저 기대임금률이 단지 기업 수에 대한 노동력 비율에만 의존함을 보일 수 있다.

$$Ew = \beta - \frac{\Upsilon L}{n} \qquad \text{(C.6)}$$

기대임금의 분산은 기업 수에 의존한다.

$$\mathrm{var}(w) = \frac{\sigma^2}{n} \qquad \text{(C.7)}$$

기업 고유의 충격을 갖는 임금의 공분산은 또한 기업 수에 의존한다.

$$cov(w, \varepsilon_1) = \frac{\sigma^2}{n} \qquad \text{(C.8)}$$

기업의 이윤은 수입에서 임금 비용을 뺀 것이다.

$$\pi_i = R_i - wL_i \qquad \text{(C.9)}$$

C.1, C.5 및 C.9로부터 기업의 이윤은 L, n 및 기업 고유의 충격의 함수로서 푸는 것이 가능하다. 지루한 치환을 한 후 기대이윤에 대한 매우 놀랍도록 쉬운 표현에 도달할 수 있다.

$$E_\pi = \alpha - \frac{1}{\Upsilon} \left(\frac{L}{n} \right)^2 + \frac{1}{2} \frac{n-1}{n} \sigma^2 \qquad \text{(C.10)}$$

우리는 이제 기대 임금과 기대 이윤을 주어진 입지에서의 기업 수와 노동자 수의 함수로 표현하였다.

〈그림 C-1〉

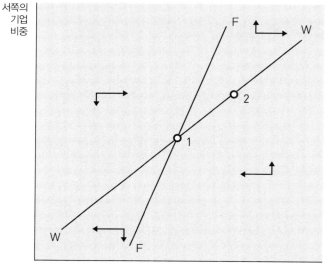

이제 두 입지 1과 2가 있고 기업과 노동자는 스스로 정착할 입지를 자유롭게 선택할 수 있다고 가정하자. 총기업 수는 n이고 이 중 n_1은 1에, n_2는 2에 입지한다. 마찬가지로 L의 노동자 중에서 L_1은 1에, L_2는 2에 입지한다. 무엇이 가능한 균형 배치인가?

물론 하나의 균형은 기업과 노동자들이 공평하게 나누어지는 것이다. 이는 〈그림 C-1〉에서 1이라고 표시된 점으로 나타난다.

그 이유를 알기 위하여 기업과 노동자들이 각각 두 입지에 대하여 무차별하게 되는 궤적을 그린다. 노동자에게 이는 직선이다. 기대 임금은 기업의 노동자들에 대한 비율에 의존하며, 따라서 노동자 무차별궤적 WW는 기울기 L/n을 갖는 직선에 상응한다.

기업들에 있어서 입지1에 위치한 기업과 입지2에 위치한 기업의 이윤들 간의 격차는 다음과 같다.

$$\pi_1 - \pi_2 = \frac{1}{\Upsilon}\left[\left(\frac{L_1}{n_1}\right)^2 - \left(\frac{L_2}{n_2}\right)^2\right] + \frac{1}{2}\sigma^2\left[\frac{n_1-1}{n_1} - \frac{n_2-1}{n_2}\right] \quad \text{(C.11)}$$

$n_1 = n_2, L_1 = L_2$의 근처에서 기업과 노동자를 입지1에 재배치하는 효과는 다음과 같다.

$$\frac{d(\pi_1 - \pi_2)}{dL_1} = \frac{4}{\Upsilon}\frac{L}{n^2} > 0 \qquad \text{(C.12)}$$

그리고

$$\frac{d(\pi_1 - \pi_2)}{dn_1} = -\frac{4}{\Upsilon}\frac{L^2}{n^3} - \frac{1}{2}\sigma^2\frac{1}{n_1^2} < 0 \qquad \text{(C.13)}$$

궤적 $\pi_1 = \pi_2$ 그림에서 FF가 우상향한다는 것은 즉시 명확하다. 또한 그것이 WW보다 기울기가 가파르다는 것 역시 방정식 (C.12)와 방정식 (C.13)으로부터 즉각 혹은 (내가 보다 유용하다고 보는) 그래프에 의하여 쉽게 보일 수 있다. 〈그림 C-1〉에서 점2를 고려하자. 그 점에서 기업들의 노동자들에 대한 비율은 양 입지에서 같으나 입지1이 두 가지 모두 더 보유한다. 따라서 (C.10)으로부터 기업들이 입지1에서 보다 수익이 높음이 명확하다. 따라서 FF는 그 점에서 WW보다 위에 있다.

우리는 이제 고비를 넘겼다. 노동자들은 보다 높은 기대임금을 제공하는 입지를 향하여 이동하고, 기업들은 보다 높은 기대이윤을 제공하는 입지를 향하여 이동한다고 가정하자. 이 모형의 동학은 화살표에 의하여 표시된다. 점1은 불안정하다. 그 체제는 모든 기업과 노동자가 한 입지 혹은 다른 입지에 집중하면 구석에 몰린다.

부록 D
입지 지니계수

다음 표는 미국의 3자리(3 digit) 산업의 입지 지니계수를 보여준다. 계산의 개념과 방식은 본문에 설명되어 있다. 이 표는 다음 정보를 포함한다.

1. 지니계수에 따른 산업 순위
2. 산업코드
3. 산업명
4. 지니계수
5. 해당 산업 고용의 상위 3대 주

순위	SIC	산업명	GINI	(상위: 역해자 주) 3대 주
1	303	재생고무	0.5	WY, WI, WV
2	313	부츠와 신발	0.482845	ME, MO, MA
3	315	가죽 장갑	0.48233	WI, NY, WY
4	222	직조업, 화학섬유	0.476676	GA, SC, NC
5	237	모피 제품	0.468169	NY, WY, WI
6	223	직조 및 마감업, 모	0.451512	ME, RI, NH

순위	SIC	산업명	GINI	(상위: 역해자 주) 3대 주
7	221	직조업, 면	0.443084	SC, GA, NC
8	319	가죽제품,	0.442542	TX, MA, CA
9	227	장판업	0.432963	GA, SC, VA
10	228	원사업	0.428421	NC, GA, SC
11	386	사진용품 및 장비업	0.428276	CO, MN, OK
12	277	연하장 인쇄업	0.427133	AR, KS, MO
13	224	직물업	0.423601	RI, NH, NC
14	385	안과용품	0.414319	AZ, RI, MA
15	376	유도 무기, 우주선, 부품	0.411017	CA, UT, AZ
16	374	도로 장비	0.410767	PA, IL, WV
17	226	섬유 손질업, 모 제외	0.410014	SC, NC, OH
18	304	고무와 플라스틱 호스와 벨트	0.408587	NE, CO, OH
19	235	모자(hats & caps)와 여성 모자	0.407575	IA, MO, NY
20	316	수화물	0.404685	RI, CI, TN
21	302	고무와 플라스틱 신발	0.402163	ME, NH, MD
22	396	모조 보석류	0.400823	RI, CT, NE
23	391	보석, 은제품 및 도금 제품	0.397361	RI, UT, NM
24	375	모터사이클, 자전거 및 부품	0.396409	NE, TN, OK
25	387	손목시계, 시계 및 케이스	0.388946	AR, CT, MS
26	311	가죽 및 가죽제품	0.387232	ME, NH, WI
27	317	핸드백과 개인 가죽제품	0.379857	NY, RI, MA
28	333	1차 비철금속	0.366064	MT, NM, WA
29	225	편물업	0.365623	NC, TN, VA

순위	SIC	산업명	GINI	(상위: 역해자 주) 3대 주
30	373	선박건조 및 수리	0.363088	MS, FL, ME
31	372	항공 및 부품	0.352313	KS, CT, NV
32	393	악기	0.345101	MS, AR, IN
33	253	공공빌딩 및 가구	0.344445	AR, CT, MS
34	379	다양한 운송수단	0.326482	IN, NB, MI
35	352	농기구 및 정원용구	0.324905	ND, IA, NE
36	272	정기간행물	0.324702	DC, NY, IL
37	287	농약	0.324638	ID, LA, FL
38	383	광학기구 및 렌즈	0.323826	NH, MA, CT
39	301	타이어와 튜브	0.320952	OK, AL, IA
40	365	라디오와 텔레비전 장비	0320622	TN, AR, MO
41	282	플라스틱 소재와 합성물	0.319335	DE, SC, VA
42	348	의식용 부대용품	0.316472	VT, NV, MN
43	334	2차비철금속	0.310073	SC, AL, IN
44	286	유기화학물	0.309039	WV, LA, TX
45	314	신발, 고무 제외	0.308738	ME, NH, MO
46	351	엔진과 터빈	0.305607	WI, MD, MI
47	331	용광로와 기초금속제품	0.303562	WV, IN, PA
48	229	다양한 섬유제품	0.303407	RI, SC, ME
49	371	자동차와 장비	0.302518	MI, OH, DE
50	395	펜, 연필, 사무용 및 미술용품	0.30166	RI, IA, NJ
51	236	아동용 외투	0.296566	SC, ME, RI
52	339	다양한 1차 금속제품	0.293852	MI, CT, IN

순위	SIC	산업명	GINI	(상위: 역해자 주) 3대 주
53	234	여성용 및 아동용 속옷	0.292174	AL, MS, GA
54	232	성인과 소년의 복식품	0.289464	MS, AL, GA
55	357	사무 및 컴퓨터 기구	0.283499	MN, AZ, CO
56	231	성인과 소년의 정장과 코트	0.281515	PA, MD, GA
57	281	무기화학물	0.278271	HI, TN, NV
58	363	가정용 기구	0.27411	SD, TN, IA
59	381	엔지니어 및 과학용 기구	0.266791	DE, AZ, WA
60	238	다양한 의복 및 액세서리	0.259691	MD, MS, NY
61	251	가정용 가구	0.255488	NS, MS, VA
62	259	다양한 가구 및 붙박이제품	0.255273	UT, RI, MD
63	346	금속 단조 및 주조	0.254278	MI, OH, WI
64	353	건설 및 관련 도구	0.25105	OK, WY, IA
65	274	다양한 인쇄	0.244823	DC, CO, KS
66	345	나사 절삭제품, 볼트 및 기타	0.239701	RI, CT, IL
67	271	신문	0.237544	NY, VT, MN
68	273	서적	0.237544	NY, VT, MN
69	279	인쇄 교역 서비스	0.235163	DC, MD, NY
70	283	의약품	0.234789	NJ, IN, DE
71	278	장부 및 제본	0.232561	MA, NJ, MO
72	341	금속 캔과 선적컨테이너	0.232013	CO, MD, IL
73	233	여성 및 미혼여성 외투	0.231918	HI, NY, PA
74	354	금속가공 기기	0.231087	VT, MI, OH
75	252	사무실 가구	0.230208	MI, IA, NC

순위	SIC	산업명	GINI	(상위: 역해자 주) 3대 주
76	382	측정 및 제어장치	0.224846	NV, VT, NH
77	366	통신장비	0.224418	MD, NM, FL
78	332	철강 주조	0.22053	AL, WI, OH
79	306	인조 고무 제품 등	0.217496	OH, NH, AR
80	367	전자부품 및 액세서리	0.216259	AZ, VT, CA
81	336	비철 주조	0.215594	OH, MI, WI
82	284	비누, 세제 및 화장실 용품	0.210857	NJ, MO, MD
83	343	배관 및 난방, 전기 제외	0.201985	VT, WV, KY
84	285	페인트 및 관련제품	0.201037	NY, IL, KY
85	361	배전장비	0.197298	MS, KY, PA
86	335	비철금속 롤링 및 드로잉	0.194648	WV, RI, NV
87	364	전기 조명과 전신장비	0.186535	RI, WV, IL
88	254	파티션과 붙박이	0.182132	NE, AR, IL
89	239	다양한 인조섬유 제품	0.180902	ND, HI, SC
90	362	산업용 전기기구	0.180583	WI, AR, OH
91	347	금속 서비스	0.180022	RI, MI, WV
92	342	날붙이류, 수공구 및 철물	0.17853	CT, MI, WV
93	289	다양한 화학제품	0.173693	NM, KS, NJ
94	384	의료 장비 및 용품	0.170018	SD, UT, NE
95	358	냉동 및 서비스 기기	0.163089	KY, MN, TN
96	394	장난감과 관련 제품	0.160812	RI, NJ, VT
97	276	사무용 인쇄물	0.155267	VT, UT, KS
98	356	일반산업용 기기	0.153676	OK, NH, CT

순위	SIC	산업명	GINI	(상위: 역해자 주) 3대 주
99	355	특수한 산업용 기기	0.148829	NH, MA, WI
100	349	다양한 금속 가공품	0.140874	OK, RI, IA
101	369	다양한 전기기기 및 물품	0.137169	VT, IN, CO
102	399	잡제품	0.128871	NV, IL, CO
103	344	조립금속제품	0.119871	OK, LA, RI
104	259	다양한 기계류, 전기 제외	0.109036	NM, OK, LA
105	275	상업용 인쇄	0.101342	DC, MN, IL
106	307	다양한 플라스틱 제품	0.096105	NV, NH, NJ

참고 문헌

Arthur,B. (1986), "Industry location patterns and the importance of history," Census for Economic Policy Research (Stanford), paper #84.

Arthur,B. (1990), "Positive feedback in the economy," *Scientific American* 262 (February) : 92-99.

Bairoch,P. (1988), *Cities and Economic Development*, Chicago: University of Chicago Press.

Buckberg,E. (1990), "Settling the prairies : Canada's National Policy in the late 19th century," mimeo, MIT.

Chandler,A. (1990), *Scale and Scope*, Cambridge, MA : Harvard University Press.

David,P. (1985), "Clio and the economics of QWERTY," *American Economic Review* 75 : 332-337.

David,P., and Rosenbloom, J. (1990), "Marshallian factor market externalities and the dynamics of industrial localization," *Journal of Urban Economics*.

Degeer,S. (1927), "The American manufacturing belt," *Geografiska Annaler* 9 : 233-359.

Dixit,A. and Stiglitz, J. (1977), "Monopolistic competition and optimum product diversity," *American Economic Review*.

Faini,R. (1984), "Increasing returns, nontraded inputs, and regional development," *Economic Journal* 94 : 308-323.

Hall, R. (1989), "Temporal agglomeration," NBER Working

Papers #3143.

Helpman, E., and Krugman, P, (1985), Market Structure and Foreign Trade, Cambridge, MA: MIT Press.

Henderson, J. V. (1974), "The sizes and types of cities," *American Economic Review* 64: 640-656.

Henderson, J. V. (1988), *Urban Development* : Theory, Fact, and Illusion, New York: Oxford.

Hirschman, A. (1958), *The Strategy of Economic Development*, New Haven: Yale University Press.

Hoover, E. M (1948), *The Location of Economic Activity*, New York: McGraw-Hill.

Isard, W. (1956), *Location and Space-economy*, Cambridge, MA : MIT Press.

Jacobs, J. (1969), *The Economy of Cities*, New York : Vintage Books.

Jacobs, J. (1984), *Cities and the Wealth of Nations*, New York : Vintage Books.

Kaldor, N. (1972), "The irrelevance of equilibrium economics," *Economic Journal* 82: 1237-1255.

Krugman, P. (1981), "Trade, accumulation, and uneven development," *Journal of Development Economics* 8 : 149-161.

Krugman, P. (1991a), "History and industry Location : the case of the US manufacturing belt," *American Economic Review*.

Krugman, P. (1991b), "Increasing returns and economic geography," *Journal of Political Economy*, forthcoming.

Krugman, P. (1991c), "History vs. Expectations," *Quarterly Journal of Economics*, forthcoming.

Krugman, P. and Venables, A. (1990), "Integration and the competitiveness of peripheral industry," in C, Bliss and J. Braga de Macedo, eds., *Unity with Diversity in the European Community*, Cambridge: Cambridge University Press.

Lichtenberg, R. M. (1960), One Tenth of a Nation, Cambridge, MA: Harvard University Press.

Marshall, A. (1920), *Principles of Economics*, London: Macmillan.

McCarty, H. H. (1940), The Geographic Basis of American Life, West port, CT: Greenwood Press.

Murphy, K., Shleifer, A., and Vishny, R. (1989a), "Industrialization and the big push," *Journal of Political Economy* 97 :1003-1026.

Murphy, K., Shleifer, A., and Vishny, R. (1989b), "Increasing returns, durables, and economic fluctuations," NBER Working Paper #3014.

Myers, D. (1983), "Emergence of the American manufacturing belt : an interpretation," *Journal of Historical Geography* 9: 145-174.

Myrdal, G. (1957), *Economic Theory and Underdeveloped Regions*, London: Duckworth.

Perloff, H., Dunn, E., Lampard, E., and Muth, R. (1960), Regions, *Resources, and Economic Growth*, Baltimore : Johns Hopkins.

Porter, M. (1990), *The Competitiveness Advantage of Nations*, New York: Free Press.

Pred, A. (1966), *The Spatial Dynamics of US Urban-Industrial Growth*, 1800-1914, Cambridge, MA : MIT Press.

Rhode, P. (1988), "Growth in a high-wage economy : California, 1890-1920," mimeo, Stanford.

Romer, P. (1986), "Increasing returns and long-run growth," *Journal of Political Economy* 94, 1002-1038.

Romer, P. (1987), "Growth based on increasing returns due to specialization," *American Economic Review* 77:56-62.

Romer, P. (1990), "Are nonconvexities important for understanding growth?," NBER Working paper #3271.

Rotemberg, J., and Saloner, G. (1990), "Competition and human capital accumulation : a theory of interregional specialization and trade," NBER Working Paper #3228.

Young, A. (1928), "Increasing returns and economic progress," *Economic Journal* 38: 527-542.

색인

4대 지역 Big Four 63, 164

QWERTY 195

TTFE → 기호, 기술, 그리고 요소부존도 Taste,
technology, and factor endowments 참조

가격 결정 Pricing
~과 경쟁 and competition 202~203
상대 relative 206

경기순환 Business cycles 79, 80, 81

경제 Economies 104, 109, 168, 216
외부 external 100, 136, 220
~의 통합 integration of 172, 174
지역간 interregional 186~189
복수 중심 multiple - core 177~178
지역의 regional 214, 218~221
두 지역 two - region 177~182

경제성장 Economic growth 80

경제학 Economics 186, 195
국제 international 71~73, 77~78
세계관 world view 80~81

고용 Employment 116, 140
제조업의 in manufacturing 85, 103, 139~140

공산품 Manufacturing goods 89, 159

관세 Tariffs 168, 182

국가 Nations 163~164
~의 정의 definition of 157~160

군나르 뮈르달 Myrdal, Gunnar 194

규모의 경제 Economies of scale 82, 136, 168, 212
제조업에서의 in manufacturing 96, 97, 201, 202
생산에서의 in production 193, 200
~의 강도 strength of 177~178
수송비에서의 in transportation 98~99, 106, 209, 210

균형들 Equilibria
중심-주변 모형에서 in core-periphery mode 178,
199, 208
~의 결정요인들 determinants of 208~210

~과 기대 and expectations 216, 219~221
다중 multiple 80, 91
생산 production 90~91
임금의 of wages 201, 204

금융 부문 Financial sector 137, 151

기대 expectations 213, 216
~와 지역발전 and regional development
105~106, 217-220
자기완결적 self-fulfilling 105~107

기술적 파급 Technological spillovers 117
지역화와 localization and 136~138

기업도시 Company towns 132 주6)
경쟁 Competition 81, 202~203
노동력에 대한 for labor force 121~125

기업들 Firms
~의 집중 concentration of 115~118
~에 대한 비용 costs to 206~207
~을 위한 노동력 labor force for 119~120,
129~130
~의 수요독점력 monopsony power of 127~128, 131
~의 매출액(판매액) sales of 205~206
~의 임금률 wage rates of 126

기호, 기술, 그리고 요소부존도 Taste, technology,
and factor endowments (TTFE) 195

남동부 Southeast 142, 169

남부 South 96, 163, 166~167

남유럽 Southern Europe 169

노동력 Labor force 89, 103, 126, 129~130,
161~162, 214, 222
~의 배분 allocations of 219~220
~에 대한 경쟁 competition for 123~124
~의 집중 concentration of 216, 218
과 기업 and firms 129~130
~의 이동성 mobility of 130 주5), 159, 184
~의 풀링 pooling of 116~117, 118~122, 127, 137

부문의 sectoral 201
　과 임금 and wages 223~227
노동시장 Labor market
　풀링 pooling 116~117, 131, 222~227
노동자 Workers → 노동력 Labor force 참조
노스캐롤라이나 North Carolina 150
농기계 Agricultural machinery 146
농업 부문 Agricultural sector 86, 89, 95, 103, 104, 181
　캐나다에서 in Canada 183
　중심-주변 모형에서 in core-periphery model
　200, 201, 203~208
누적적 과정 Cumulative process
　~으로서의 지역화 localization as 147, 152
뉴욕 New York 98, 137
뉴욕 주 New York State 141, 146
뉴잉글랜드 New England 169
뉴저지 New Jersey 146
니콜라스 칼도어 Kaldor, Nicholas 81, 194
대공황 Depression 148
도시경제학 Urban studies 71
독일 Germany 158, 166, 167, 169, 179
돌턴(조지아) Dalton(GA) 113, 136, 145, 146
동경 Tokyo 152
동부(동쪽) East 99, 103, 106~107, 129
동중북부 지역 East North Central region 85
디트로이트 Detroit 98, 142
런던 London 152
로드아일랜드 Rhode Island 146
로버트 홀 Hall, Robert 81, 137
로스앤젤레스 Los Angeles 104, 152
루트128(매사추세츠) Route 128(Mass.) 136, 142,
　149, 150, 151, 152
룩셈부르크 Luxembourg 158
리서치트라이앵글(노스캐롤라이나)
　Research Triangle(N.C.) 149, 150

매사추세츠 Massachusetts 109, 136, 146
매출액(판매액) Sales 134, 205~207
매카시 McCarthy, H. H. 86
　모타운 Motown 143 → 디트로이트 Detroit 참조
　모형 Models 158, 194 → 중심-주변 모형
　Core-periphery model 참조
　무역의 of trade 133~135
몬트리올 Montreal 157
무역 Trade 77, 78, 159, 184, 185
　~에 대한 장벽 barriers to 168, 178, 191(표)
　국제 international 71, 83, 110
　~의 모형 models of 133~135
물가지수 Price index 205
미국 United States 169, 170, 171, 182, 183, 184
　자동차 산업 auto industry 167
　~에서의 제조업 벨트 manufacturing belt in 81, 84
　~에서의 무역 trade in 163~164, 168
미국 인구조사국 U.S. Bureau of the Census 141
민족주의 Nationalism
　경제적 economic 182~185
밀라노 Milan 151
발전 Development 108, 199
　기대와 expectations and 105~106, 218~221
　지역의 regional 83
밴쿠버 Vancouver 157, 158
벤자민 굳리치 Goodrich, Benjamin Franklin 147
벨기에 Belgium 158, 190~191
보석 생산 Jewelry production 137, 142, 146
보스톤 Boston 150
보잉 Boing 141, 144
보호(무역)주의 Protectionism 182
부(富) Wealth 152
부문 Sectors
　과 생산요소 and production factors 201~202
북동부 Northeast 84, 85, 86, 163

불확실성 Uncertainty 121

브라이언 아서 Arthur, Brian 100, 195

비용 Costs 89, 214

　고정 fixed 90~94

　상대적 relative 206

　수송 transport 89, 96, 97, 98~100, 132, 133~135,
　168, 174, 176, 177, 178, 180~181, 190~192,
　209~210

사진장비 Photographic equipment 141, 144

산업 Industry 97(주11), 143, 164, 169

　~의 입지 location of 75, 76, 79, 97

　~의 지역화 localization of 110, 115~118,
　132~134, 135, 139~140, 142, 161~162, 186

　~의 조직 organization of 78

　주변의 peripheral 190~192

산업화 Industrialization 102, 135

새뮤엘슨의 빙산 Samuelson's iceberg 201

새뮤엘슨의 천사 Samuelson's angel 162~163

생산 production 80, 193, 208

　~의 집중 concentration of 76, 80~91

　"매이지 않은" "footloose" 96, 177, 178

　~의 입지 location of 89(주8), 102, 134

　제조업에서의 in manufacturing 89~90, 103

　부문들의 of sectors 201

　과 수송비 and transportation costs 190~192

생태계 Ecology

　산업의 industrial 136

서부(서쪽) West 98, 99, 106~107, 129~130, 163

　~에서의 인구 증가 population growth in 104, 105

서비스업 Services 132~133, 137, 170

　~의 성장 growth of 151~152

석탄광산 Coal mines 86, 97

선 벨트 Sunbelt 221

섬유산업 Textile industry 143~144, 167

　~의 집중 concentration of 144~146

소득 Income 204~205, 214

　~ 지역간 interregional 187~188

　주변과 peripherality and 188~189

소비자들 Consumers

　~에 대한 비용 costs to 205~206

소련 Soviet Union 175

수송 Transportation 152, 201

　~의 비용 costs of 90, 92, 93~94, 96, 106,
　132~133, 134, 135, 168, 174, 176, 177, 178,
　180~181, 190~192, 209, 212

　과 지리적 집중 and geographic concentration
　88~89

　~망 networks of 98~101

수요 Demand 88~89, 102, 123

　매이지 않은 "footloose" 135

수요 독점력 Monopsony power 126, 127~128,
　130~131

수입 대체 Import substitution 184

수확 Returns → 수확체증 Increasing returns 참조

　수확체증 Increasing returns 75, 76, 79, 80, 81~83,
　107, 121, 174

스페인 Spain 190~191

시애틀 Seatle 144, 158

시장 Markets 75, 89, 184, 189 → 노동시장
　Labor Market, 시장 구조 market structure 참조

시장 구조 Markets structure 75, 89(주7), 94~95,
　194, 200, 202

시카고 Chicago 146, 152

신발 생산 Shoe production 136, 146

실리콘밸리(캘리포니아) Sillicon Valley(Calif.) 144,
　146, 147, 149, 150, 152

　~에서의 지역화 localization in 147, 148, 149

아이언시티 Iron City 149

알프레드 마셜 Marshall, Alfred 115~116, 121, 132, 193

애크런(오하이오) Akron(Ohio) 109, 137, 148

앨란 프레드 Pred, Allan 194

앨린 영 Young, Allyn 193

앨버트 허쉬만 Hirschman, Albert 194

엘하난 헬프만 Helpman, Elhanan 133, 161

역사 History 108

　~와 기대 and expectations 213, 220~221

~와 입지 and location 81~82

영국 England 152

영역들 Boundaries 156

  정의 defining 208, 211~212

  국가의 national 157~158

오대호 지역 Great Lakes area 86

오하이오 Ohio 137, 143, 147, 148

온타리오 Ontario 158

외국인 노동자 Gastarbeiter 179

외환관리 Exchange controls 168

우위 Advantage

  비교 comparative 77

워싱턴 Washington 141

위험 Risk 126

유럽 Europe 172, 173

  ~의 자동차산업 auto industry in 167

  ~의 소득 income in 188~189

  ~의 지역간 경제 interregional economy of 186~188

  ~의 지역화와 특화 localization and specialization in 165~167

  ~의 제조업 벨트 manufacturing belt in 84(주6), 158

  ~의 무역 trade in 163~164, 168

유럽연합집행위원회 European Commission(EC) 155

유럽통화동맹 EMU 171

의류산업 Apparel industry 169

의복(의류) 중심(구역) Garment center 98

이민 Migration 182~184, 214, 215

이윤 Profits 129, 130

  무(제로) zero 203

이탈리아 Italy 166, 167

인구 Population 96, 104, 107

  ~의 분포 distribution of 91~92, 105, 187

인구조사 Census 141

임금 Wages 106

~ 결정 determination of 125~126, 129, 210

  균형 equilibrium 201, 203, 204

  과 노동시장 풀링 and labor market pooling 222~227

  실질 real 214~215

  ~의 지역간 격차 regional differentials in 107, 218, 220

  특화된 노동에 대한 for specialized labor 118, 121

  ~에서의 변동 variation in 126

입지 Location 102, 209

  와 고정비용 and fixed costs 92~94

  와 역사 and history 80~82

  산업 industry 75, 82, 139~140

  와 노동력 and labor force 120~122

  제조업의 of manufacturing 139~140

  생산의 of production 134

잉여 Surplus

  영업 operating 207

자동차산업 Automotive industry 148, 167

자본 Capital 188

  ~과 자유무역 and free trade 161~162

자원 Resources 84, 85, 104

재배치 Relocation 169

재화 Goods 152, 202

  중간재 intermediate 134~135, 137

  공산품 manufactured 89

  ~ 무역 trade in 161~162

전문업 Trades 117

접근성 Access 189

정보 전달 Information transmission 152

정책 Policy 179~180, 184

제조업 벨트 Manufacturing belt 100~102, 158, 169

  지배 dominance 85~86

  ~의 출현 emergence of 96~97

  ~의 형성 establishment of 84~85

제조업 부문 Manufacturing sector 89~90, 94, 113, 177, 181, 192, 201, 202, 210

  ~의 집중 concentration of 81, 87, 95, 108

  중심-주변 모형에서 in core-periphery model 135, 200, 203~208, 212

  ~에 대한 의존성 dependence in 147~148

  ~에서의 고용 employment in 86, 103, 140

과 지출 and expenditures 208, 212

과 인구 분포 and population distribution 91~92, 105, 106~107

조지아 Georgia 143, 145~146

조직 Organization 78~79

존 대굴 Dagyr, John Adams 146

주(州) States

　지리적 단위로서의 as geographic units 142

중서부 Midwest 84, 99, 163, 166

중심-주변 모형 Core-Peripheral model 102, 110, 158, 188, 189, 212

　내생적 발전의 of endogenous development 109~203

　~의 형성 formation of 134~135

　~에서 역사와 기대 history and expectations in 213~221

　지역발전과 ~ regional development and 174, 175~182

　~의 지속가능성 sustainability of 203~208

증기선 Steamships 152, 192

지니계수 Gini coefficients

　입지 locational 140~142, 143, 151, 228~233

지리 Geography 157~158

　경제적 economic 71, 73~74, 79~80, 194~196

지식 Knowledge

　~의 흐름 flow of 137~138

　과 기술적 파급 and technological spillovers 136~138

지역들 Regions 158, 174

　~에서의 중심-주변 모형 core~periphery model in 175~177, 179~182

　~ 안에서의 분기(분산) divergence within 98~100, 163~164

　~에서의 경제적 기대 economic expectations in 213-221

　유럽의 European 165, 186, 189

　~에서의 복수 중심 multiple cores in 177~181

　~에서의 특화 specialization in 165, 169, 170(표)

지역화 Localization 133, 156

　누적적 과정으로서 as cumulative process 147, 152

　유럽 경제에서의 in European Economy 168~169

　산업의 of industry 83, 115~118, 134~136, 139~140, 143~147, 159, 161, 186

　노동력의 of labor force 118~125

　제조업의 of manufacturing 113, 147

　와 기술적 파급 and technological spillovers 136~138

　와 무역장벽 and trade barriers 168

지출 Expenditures 206, 208~209, 212

집중 Concentration 152, 170, 193

　카펫산업에서 in carpet industry 144~146

　기업들의 of firms 116~118

　지리적 geographic 88~98

　노동력의 of labor force 215~216, 218

　과 노동시장 and labor market 115~116

　제조업 manufacturing 81, 87, 95~96, 108

　생산의 of production 76

철도 Railroads 102, 182

　~의 경제적 영향 economic impacts of 192

　~의 네크워크(망) network of 98~100

첨단기술 High technology 102, 182

　~의 지역화 lacalization of 136~137, 139, 145, 149

촉진주의 Boosterism 108~109

카펫산업 Carpet industry

　~의 집중 concentration of 144~146

　돌턴(조지아) in Dalton(Ga) 113, 136

칼 콤튼 Compton, Karl 150

캐나다 Canada

　~의 경제적 민족주의 economic nationalism in 182~185

　제조업 벨트에서 in manufacturing belt 84(주6)

캐서린 에반스 Evans, Catherine 113, 145, 146

캘리포니아 California 104, 142

코닥 Kodak 141, 144

퀘백 Quebec 183

산업공동화 Deindustrialization 192

탈지역화 Delocalization 170

터키 Turkey 179

토론토 Toronto 158

통신 Telecommunications 152

통합 integration

　경제의 economic 169~173

통화 Currency

　표준적인 standardized 172~173

투입물 Inputs

　중간 intermediate 132~133

특화 Specialization 165

　유럽 경제에서의 in European Economy
　168~169

　산업의 industrial 166(표), 171

　국제 international 33, 80

폴 데이비드 David, Paul 195

폴 로드 Rhode, Paul 104

폴 로머 Romer, Paul 81

폴 새뮤얼슨 Samuelson, Paul 161

풀링 Pooling 128~129

　노동시장 labor market 118~125, 127, 137,
　222~227

프랑스 France 158

프레드 터만 Terman, Fred 149

프로비던스(로드아일랜드) Providence(R.I.) 137, 146

피드몬트 Piedmont 142, 143, 144

항공기산업 Aircraft industry 141, 144

화폐 Money → 통화 Currency 참조

환율 Exchange rates 172

후생 Welfare 179, 180, 181

휴렛패커드 Hewlett-Packard 150

새우와 고래가 함께 숨 쉬는 바다

폴 크루그먼의 지리경제학

지은이 | 폴 크루그먼
역해자 | 이 윤
펴낸이 | 황인원
펴낸곳 | 도서출판 창해

신고번호 | 제2019-000317호

초판 1쇄 발행 | 2017년 07월 15일
개정판 1쇄 발행 | 2021년 09월 10일

우편번호 | 04037
주소 | 서울특별시 마포구 양화로 59, 601호(서교동)
전화 | (02)322-3333(代)
팩스 | (02)333-5678
E-mail | dachawon@daum.net

ISBN 979-11-91215-19-9 (03320)

값 · 17,000원

Publishing Club Dachawon (多次元)
창해·다차원북스·나마스테